深圳海洋运动产业发展的理论和实践研究

牛爱军 著

郑州大学出版社

图书在版编目(CIP)数据

深圳海洋运动产业发展的理论和实践研究／牛爱军
著. -- 郑州 ：郑州大学出版社，2025. 2. -- ISBN 978-
7-5773-0990-3

Ⅰ. G812

中国国家版本馆 CIP 数据核字第 2025N1S375 号

深圳海洋运动产业发展的理论和实践研究
SHENZHEN HAIYANG YUNDONG CHANYE FAZHAN DE LILUN HE SHIJIAN YANJIU

策划编辑	郜　毅	封面设计	王　微
责任编辑	王孟一	版式设计	王　微
责任校对	郜　毅	责任监制	朱亚君

出版发行	郑州大学出版社	地　　址	河南省郑州市高新技术开发区
出版人	卢纪富		长椿路 11 号(450001)
经　销	全国新华书店	网　　址	http://www.zzup.cn
印　刷	郑州市今日文教印制有限公司	发行电话	0371-66966070
开　本	787 mm×1 092 mm　1／16		
印　张	11.75	字　　数	239 千字
版　次	2025 年 2 月第 1 版	印　　次	2025 年 2 月第 1 次印刷
书　号	ISBN 978-7-5773-0990-3	定　　价	58.00 元

前　言

　　海洋，这浩瀚无垠的蓝色疆域，不仅孕育了丰富的自然资源，也成为人类探索与冒险的新天地。随着科技的进步和人们生活方式的转变，海洋运动逐渐从小众运动发展成为蓬勃兴起的大众化运动，并成为体育产业的重要组成部分，为全球经济的多元化发展注入了新的活力。越来越多的人开始关注海洋运动，无论是帆船、赛艇等高端海洋运动项目，还是潜水、冲浪等大众海洋运动项目，都受到了广泛的欢迎。深圳，作为中国改革开放的前沿阵地和创新发展的高地，凭借其得天独厚的地理位置、完善的基础设施以及开放包容的城市文化，在海洋运动产业的发展上展现了独特的魅力和强劲的动力。

　　深圳市政府高度重视海洋运动产业的发展，在政策方面给予大力支持，为海洋运动产业的发展提供了有力的保障。同时，深圳市还积极推动与国际海洋运动组织的合作与交流，引进国际先进的赛事和管理经验，提升深圳海洋运动产业的国际化水平和竞争力。此外，深圳不断完善海洋运动设施和服务体系，为海洋运动产业的发展提供了良好的硬件保障和服务支持。

　　本书全面而深入地探讨了深圳海洋运动产业的理论基础、市场现状、产业结构、技术创新、政策环境、人才培养与教育、品牌建设及实践探索等多个维度。首先，本书概述了海洋运动产业的定义、特征及发展历程，并分析了深圳海洋运动产业的现状与面临的挑战。海洋经济理论、体育产业经济学、产业集群理论及可持续发展理论等，为深圳海洋运动产业的发展奠定了坚实的理论基础。书中详细剖析了海洋运动产业的市场需求、消费者行为、市场竞争及市场拓展策略，为产业发展提供了海洋运动产业的市场导向。其次，本书对深圳海洋运动产业的产业链、结构优化、产业集聚与集群发展等进行了深入分析，并探讨了技术创新对深圳海洋运动产业的影响及具体应用。再次，本书还关注了政策环境对深圳海洋运动产业发展的推动作用，以及人才培养与品牌建设的重要性与现状等。最后，通过实践探索，本书总结了深圳在海洋运动赛事举办、俱乐部运营及旅游开发等方面的成功经验，为深圳海洋运动产业未来的发展提供了宝贵的参考。

　　本书通过理论与实践的紧密结合，对深圳海洋运动产业的发展进行了全面而深入的剖析和探讨。这将有助于推动深圳海洋运动产业的持续健康发展，为构建海洋强国贡献深圳力量。同时，笔者也期待本书的出版能够引起更多人的关注和思考，共同推动海洋运动产业的繁荣与发展。

由于海洋运动产业尚在不断发展之中，作者水平有限，书中难免存在一些不足之处，敬请广大专家学者批评指正，为本书提出宝贵的修改意见。

著者

2024 年 9 月

目　录

第一章　深圳海洋运动产业概述

在全球化和现代化进程加快的背景下，海洋运动产业作为一项新兴的体育经济领域，正迅速崛起并发挥着越来越重要的作用。深圳作为中国改革开放的前沿城市，其地理优势、经济实力和政策支持为海洋运动产业的发展提供了先决条件。本章对深圳海洋运动产业进行了概述，涵盖海洋运动产业的定义与特征、发展历程以及现状与挑战。通过对这些内容的梳理，可以对深圳海洋运动产业的基本情况和发展背景有一个全面的把握，为后续深入的理论和实践研究奠定基础。

第一节　海洋运动产业的定义与特征

一、海洋运动产业的相关界定

（一）海洋运动的概念

海洋运动是指在海洋环境里进行的多种体育活动，包括沙滩、海面及海底项目，如帆船、冲浪、潜水、游泳、皮划艇、沙滩排球、海钓等。海洋体育运动是一种依托海洋的自然资源，将休闲、竞技、探险、健身、教育、文化融为一体，展现自然之美，促进身心健康，实现与海洋的和谐共生，注重环保意识的一种新兴体育形态。

海洋运动，作为一类依托海洋独特自然环境的体育活动，涵盖了广泛的体育形式，从传统的冲浪、潜水、海钓到现代的沙滩运动及海洋探险（见表1-1），展现了海洋运动的多样性。这类运动不仅促进了参与者身心的健康发展，还是传承海洋文化、提升环保意识、推动海洋经济及建设城市品牌的重要途径。

表 1-1　海洋运动项目分类

类别	项目
风帆运动	如帆船、帆板等
冲浪运动	如短板、长板等
潜水运动	如自由潜水等
海钓运动	如滩涂钓、矶钓、船钓等
沙滩运动	如沙滩排球、沙滩足球等
海洋探险	如海上徒步、海上独木舟等

　　风帆运动，涵盖帆船与帆板运动等，是利用风力及海浪的自然力量，在辽阔海面展开的，对技巧和勇气的考验，彰显了人类与自然和谐共处的理念。冲浪运动，借助海浪起伏的动态之美，令冲浪者在破浪前行中感受速度与激情，让人近距离领略海洋生物的奇妙。潜水运动，无论是海洋潜水、自由潜还是技术潜水，均是深入海底探寻未知的门户，可以增强人们保护海洋生态的责任感。海钓运动，有滩涂钓、矶钓、船钓等形式，是一种回归自然、享受静谧的休闲方式。沙滩运动，像沙滩排球、沙滩足球等，将运动的激情与海滩的闲适完美融合，成为夏日备受欢迎的娱乐选项。至于海洋探险活动，如海上游泳、划船、徒步以及海上独木舟探险等，则满足了人们对海洋深处的好奇与冒险的渴望。

　　海洋运动的开展，不但对运动者的身心健康具有显著益处，对社会和经济层面的影响亦不可小觑。海洋运动能够切实提升公众的海洋意识，唤起人们保护海洋环境的热忱。举办国际性的赛事和活动，例如国际帆船大奖赛、世界动力冲浪板锦标赛等，不仅可以提高城市乃至国家的国际知名度，还能带动当地旅游、酒店、餐饮等相关行业的发展，促进经济结构的优化升级。此外，海洋运动的发展亦是城市海洋文化建设的关键组成部分，有助于塑造城市特色品牌，提升城市软实力，像深圳、上海等城市都在致力于打造全球海洋中心城市，海洋运动无疑是其中的一抹亮丽色彩。

　　未来，伴随海洋经济战略的深入推进以及公众环保意识的普遍提高，海洋运动将迎来更为广阔的发展空间，成为推动社会进步、实现可持续发展目标的重要驱动力。因此，加大对海洋运动的支持与投入，创新活动形式，强化海洋环境保护，乃是实现海洋运动可持续发展的重要途径。

（二）海洋运动产业的范畴

海洋运动产业是指基于各类海洋运动而产生的产业，涵盖了与海洋运动相关的各种运动项目、体育赛事和文化活动，形成了一个具有丰富内涵的领域。海洋运动产业不仅指对海洋本身的认识和利用，还包括因海洋而创造出来的具有特定文化意义的体育活动。这些活动不仅促进了个人健康和身体素质的提升，还通过利用丰富的自然资源，如江河湖海，带动了其他相关产业的发展，如健身、休闲、娱乐以及器材设施设备等相关产业，对经济增长和社会发展具有重要意义。

海洋运动产业的发展不仅体现了人类对自然资源的合理利用，还反映了社会对健康生活方式的追求。随着科技的进步和经济的发展，越来越多的人能够参与这些活动，享受海洋带来的乐趣，同时也推动了相关产业的快速发展。海洋运动产业作为一个综合性的领域，其发展对于提升国民身体素质、促进区域经济发展、增强国家软实力等方面都有着不可忽视的作用。

海洋运动产业涵盖了与海洋运动相关的所有经济活动和服务，涉及的范畴广泛。具体可以按以下标准分类：

1. 按运动类型分类

依据参与运动的方式和活动内容进行分类，例如水上运动、潜水运动、滑雪运动等。

2. 按产业链分类

根据海洋运动涉及的上下游产业环节进行分类，如装备制造、服务产业、媒体传播等。

3. 按消费群体分类

根据不同消费能力和参与深度的群体进行分类，如普通爱好者、高端消费者、专业运动员等。

这些分类标准有助于大众更全面地理解海洋运动产业的复杂性和多样性。随着市场的不断发展和消费者需求的变化，海洋运动产业的范畴和分类也可能会进一步演变和扩展。

（三）海洋运动产业与其他相关产业的区别

尽管海洋运动产业与其他相关产业在某些方面存在交叉和重叠，但它们之间仍有明显的区别。

首先，海洋运动产业与传统的体育产业不同。传统体育产业主要围绕在陆地上开展的体育项目，如足球、篮球、田径等，而海洋运动产业则主要依赖海洋环境，需要特定的自然资源，如海水、海风等。这使得海洋运动具有独特的自然资源依赖性，这种依赖性是其与其他体育项目的重要区别。

其次，海洋运动产业与旅游产业也有显著区别。虽然海洋运动可以作为旅游项目的一部分，但它更强调参与者的主动性和互动性。旅游产业更多是以观光和休闲为主，而海洋运动则需要参与者积极参与，并具备一定的技能和体力。

最后，海洋运动产业还与健康养生产业有所不同。健康养生产业更多关注人们的健康管理和疾病预防，而海洋运动则以体育锻炼和竞技为核心。虽然海洋运动对健康有益，但其本质上仍是一种体育活动。

二、海洋运动产业的特征

（一）资源依赖性

1. 自然资源的不可替代性

海洋运动产业具有强烈的资源依赖性，其中自然资源的不可替代性是其显著特征之一。海洋运动的开展依赖于特定的自然环境条件，如海水、海风、海浪等，这些自然资源是其他环境无法提供的。例如，冲浪运动需要特定的海浪条件，帆船运动依赖于海风，潜水运动则需要清澈的海水和丰富的海洋生物。这些自然资源不仅是海洋运动得以开展的基础，也是吸引参与者的重要因素。

自然资源的不可替代性使海洋运动产业具有一定的地域限制。海洋运动主要集中在沿海地区和岛屿。这些地区往往具有优越的自然条件，适合开展各种海洋运动。然而，自然资源的有限性也带来了保护和可持续利用的问题。随着海洋运动的普及和发展，如何在保护自然环境的同时，合理开发和利用这些资源，成为海洋运动产业面临的重要挑战。

2. 社会资源的支撑作用

除了自然资源，海洋运动产业的发展还依赖于社会资源的支撑。社会资源包括人力资源、基础设施、政策支持等。这些资源在海洋运动产业的发展中起重要作用。

首先，人力资源是海洋运动产业发展的核心。海洋运动的推广和普及需要专业的教练、裁判、赛事组织者等，这些专业人才是保障海洋运动安全和顺利进行的重要力量。

其次，基础设施的建设和完善也是海洋运动产业发展的关键。开展海洋运动需要特定的基础设施，如码头、船舶、训练基地、救生设备等。这些基础设施不仅保障了海洋运动的安全性和便利性，还提升了参与者的体验和满意度。

最后，政策支持也是海洋运动产业发展的重要保障。政府的政策引导和支持，如投资建设基础设施、制定相关法规、推动赛事举办等，能够为海洋运动产业的发展提供良好的环境和条件。

（二）产业链复杂

海洋运动的产业链极长且错综复杂，它深深植根于多个相互交织的领域之中，形成了一个庞大而精细的生态系统。从最初的海洋资源勘探与评估，到专业运动装备的研发与生产，再到赛事的策划、组织与管理，每一个环节都紧密相连，缺一不可。这一链条不仅涵盖材料科学、机械工程、电子技术等高科技领域，还涉及旅游、教育、媒体传播等多个服务行业。

在海洋运动产业链中，资源的高效利用与环境保护是贯穿始终的重要议题。一方面，需要充分利用海洋的自然资源，如风力、海浪等，为运动提供动力；另一方面，要注重海洋生态的保护与恢复，确保运动的可持续发展。同时，产业链的各个环节之间也存在着紧密的合作关系，如装备制造商与赛事组织者之间的紧密配合，能够推动赛事的顺利进行与运动装备的不断创新。

随着人们对健康生活的追求和对海洋文化的兴趣日益增长，海洋运动产业链也在不断拓展与延伸。从传统的帆船、游艇运动，到新兴的冲浪、潜水等项目，海洋运动的形式越来越多样化，也为产业链带来了更多的发展机遇与挑战。因此，海洋运动产业链的发展需要各方共同努力，加强合作与交流，推动产业链的协同发展与创新升级。

（三）消费驱动型

1. 消费升级的推动力量

海洋运动产业具有明显的消费驱动型特征，消费升级是推动产业发展的重要力量。随着经济的发展和居民收入的增加，人们的消费观念和消费结构发生了显著变化。从满足基本生活需求，到追求品质生活和个性化体验，消费升级成为一种趋势。在这一背景下，海洋运动作为一种新兴的体育和休闲项目，受到了越来越多消费者的青睐。尤其是年轻一代，他们更注重生活品质和健康体验，愿意尝试新鲜刺激的运动项目，海洋运动正好满足了他们的这种消费需求。

消费升级不仅体现在消费水平的提高，还体现在消费内容的多样化和个性化。消费者对海洋运动的需求不仅限于基本的运动体验，还包括更高层次的精神享受和文化认同。这促使海洋运动产业不断创新和升级，提供更加多样化和个性化的产品和服务。例如，高端的定制化海洋运动体验、主题海洋运动赛事、结合文化和旅游的综合性活动等，这些新型消费模式不仅满足了消费者多样化的需求，还提升了产业的附加值和市场竞争力。

2.市场需求的多样化

海洋运动产业的消费驱动型特征还体现在市场需求的多样化。不同的消费者群体对海洋运动有不同的需求，这促使产业不断细分市场，推出针对性更强的产品和服务。例如，海洋运动的专业运动员和爱好者对高品质的运动器材有较高的需求，而普通游客和休闲消费者则更注重运动体验和休闲娱乐。这种市场需求的多样化要求产业链各环节都能灵活应对，提供多样化的解决方案。

市场需求的多样化还表现在地域和季节的差异上。不同地区的自然条件和文化背景不同，消费者对海洋运动的偏好也有差异。例如，热带和亚热带地区适合全年开展海洋运动，而温带和寒带地区因有明显的季节性差异，适合在平均气温较高的季节开展海洋运动。针对这些差异，海洋运动产业需要因地制宜地开发和推广适合当地市场的产品和服务，提升市场渗透率和竞争力。总之，市场需求的多样化是海洋运动产业发展的重要动力，也是产业创新和升级的源泉。

（四）科技含量高

1.技术创新的应用领域

海洋运动产业具有较高的科技含量，技术创新在产业发展中起着重要作用。器材研发与制造领域的技术创新不断推动产业的发展。材料科学、流体力学、电子技术等在海洋运动器材的设计和制造中得到了广泛应用。例如，轻量化、高强度的新材料使冲浪板、帆船等器材更加耐用和便携；智能化技术的应用，使潜水设备能够实时监测和反馈环境数据，提升了安全性和用户体验。

技术创新还体现在运动安全和保障方面。海洋运动具有一定的危险性，尤其是在恶劣的海洋环境中，因此安全保障技术至关重要。先进的导航和定位技术、智能救生设备、实时环境监测系统等，为海洋运动的安全提供了有力保障。此外，虚拟现实（virtual reality, VR）和增强现实（augmented reality, AR）技术的应用，为海洋运动的培训和体验提供了新的可能。例如，虚拟训练系统可以模拟各种海洋环境和运动场景，帮助运动员提高技能和应对能力。

2.信息技术在产业中的融合

信息技术在海洋运动产业中的融合应用，为产业带来了新的发展机遇。大数据和人工智能技术的应用，使产业能够更好地理解和满足消费者需求。通过对大量用户数据的分析，产业可以洞察消费者的行为和偏好，制定更加精准的市场策略和产品开发方案。例如，通过大数据分析，海洋运动产业可以预测热门海洋运动项目的趋势，为赛事组织和产品推广提供依据。

信息技术还提升了产业的运营效率和服务质量。物联网技术的应用，使海洋运动器材和设施能够实现智能化管理和远程监控。例如，智能码头系统可以实时监控船只的停靠和维护情况，提高运营效率和安全性。移动互联网和社交媒体的普及，为海洋运动产业提供了新的营销和互动平台。例如，通过社交媒体和应用软件（App），消费者可以实时获取赛事信息、预订运动项目、分享运动体验，增强了参与感和互动性。总之，信息技术的融合应用，不仅提升了海洋运动产业的科技含量，还为产业创新和升级提供了新的动力。

（五）季节性强

海洋运动产业具有明显的季节性特征，这与其依赖自然环境密切相关。大多数海洋运动项目，如冲浪、帆船、潜水等，受天气和季节变化的影响较大。在温带和寒带地区，冬季寒冷的天气和复杂的海况使得海洋运动难以开展，因此这些地区的海洋运动主要集中在春、夏两季进行。而在热带和亚热带地区，由于气候温暖，海洋运动可以全年进行，但台风和暴雨等极端天气仍会对其造成一定影响。

季节性的影响不仅体现在运动项目的开展时间上，还对相关服务和产业链产生了影响。例如，海滨旅游、酒店住宿、餐饮服务等在旺季会出现需求高峰，而在淡季则可能面临客源不足的问题。这种季节性波动要求产业链各环节具备较强的应对能力和灵活性，能够在旺季提供高质量的服务，并在淡季通过其他方式维持运营。

第二节　海洋运动产业的发展历程

一、全球海洋运动产业的发展历程

（一）海洋运动的起源与发展

海洋运动的起源可以追溯到人类历史的早期阶段。当时，海洋是人类生活和交通的重要通道，早期的海洋运动主要源于人类对生存和探索的需求。然而，随着人类文明的发展和科技的进步，海洋运动逐渐成为一个可以满足人们冒险和娱乐需求的运动。最早的海洋运动可以追溯到古代的航海和捕鱼活动，这些活动不仅是人类获取食物和资源的方式，也是海洋运动的雏形。

现代海洋运动的起源可以追溯到 19 世纪末和 20 世纪初，当时西方国家开始将海洋活动与体育竞技结合起来。冲浪、帆船等运动项目逐渐兴起，并成为富有挑战性和观赏性的体育项目。20 世纪初，随着旅游业的发展，越来越多的人开始参与海洋运动，海洋运动逐渐成为一种受欢迎的休闲和竞技活动。

（二）不同地区的发展特点

海洋运动在全球不同地区的发展特点各异，受到地理、气候、文化等多方面因素的影响。在欧美国家，尤其是美国、澳大利亚和欧洲的一些沿海国家，海洋运动的发展相对较早且成熟。这些地区拥有优越的自然条件，如广阔的海域、适宜的气候和丰富的海洋资源，这些都为海洋运动的发展提供了基础条件。以冲浪为例，澳大利亚的黄金海岸和美国的加州海岸都是世界知名的冲浪胜地，每年都会吸引大量的冲浪爱好者和游客到访。

相比之下，亚洲地区的海洋运动发展相对较晚，但近年来，随着经济的发展和人们生活水平的提高，海洋运动也得到了快速发展。特别是在中国、日本和东南亚国家，越来越多的人开始参与海洋运动。中国沿海地区，如海南、广东等，由于自身优越的自然条件和政府的政策支持，海洋运动产业得到了快速发展，逐渐形成了一定的规模和影响力。东南亚国家，如泰国、马来西亚等，凭借丰富的海洋资源和独特的旅游优势，也吸引了大量的海洋运动爱好者和游客。

（三）主要发展阶段与重要事件

海洋运动产业的发展历程可以划分为多个重要阶段，每个阶段都具有其特点和重要事件，这些阶段共同推动了海洋运动产业从萌芽状态发展成为如今的全球性产业。以下是海洋运动产业发展的几个关键阶段及其特点和重要事件。

1. 萌芽阶段（19世纪中叶至20世纪初）

（1）特点

海洋运动的初步形成，主要集中在欧美国家，特别是英国和美国。海洋运动主要以贵族和富裕阶层的休闲活动为主。人们对海洋运动的认知还比较有限，参与人数较少。

（2）重要事件

1851年，英国举行环怀特岛国际帆船赛，标志着现代帆船运动的开端。此次比赛即为美洲杯帆船赛的前身。

1896年，首届现代奥林匹克运动会上，游泳首次被纳入奥运会正式比赛项目。

2. 初步发展阶段（20世纪初至20世纪中叶）

（1）特点

随着工业革命和交通工具的发展，海洋运动逐渐向大众普及。参与海洋运动的人数增加，项目种类逐渐丰富。一些专业化的组织和赛事逐步形成。

（2）重要事件

1908年，从在伦敦举行的第四届奥运会开始，帆船比赛按艇身长度进行分级。

20 世纪 20 年代，冲浪运动在夏威夷和澳大利亚得到普及，形成了独特的冲浪文化。

1928 年，第一次官方冲浪比赛在美国举行。

3. 快速发展阶段（20 世纪中叶至 20 世纪末）

（1）特点

"二战"后，全球经济复苏，海洋运动进入快速发展期。运动装备技术不断进步，催生了新的海洋运动形式。海洋运动开始全球化，吸引了更多的国际参与者和观众。

（2）重要事件

1953 年，雅克-伊夫·库斯托发明了现代水肺潜水设备，使潜水运动大规模普及。

1984 年，洛杉矶奥运会第一次把帆板列为正式比赛项目。

4. 全球化和专业化阶段（21 世纪初至今）

（1）特点

海洋运动的全球化趋势更加明显，各类赛事和活动遍布全球。产业链进一步延伸，涉及制造、旅游、媒体、赛事等多个领域。环保意识的增强促使可持续海洋运动的发展，绿色环保装备和技术受到关注。

（2）重要事件

2000 年，在悉尼举行的第二十七届奥运会成为首届既有男子帆板比赛又有女子帆板比赛的奥运会，这进一步推动了帆板运动的发展。

21 世纪 10 年代，全球范围内涌现了大量的国际性海洋运动赛事，如国际帆船大奖赛等。

5. 未来展望

（1）特点

随着技术的进一步发展与创新，智能设备、虚拟现实、无人机等新科技将深度融入海洋运动。海洋运动的参与门槛可能进一步降低，成为更为普及的全民运动。可持续发展和海洋环保将成为未来海洋运动产业的核心议题。

（2）趋势预测

未来可能会出现更多的跨界融合，出现结合科技、文化和体育的新型海洋运动形式。海洋运动可能与全球海洋治理和保护紧密结合，推动海洋资源的可持续利用。

以上这些阶段展示了海洋运动产业从早期的小众参与到如今全球性、多样化发展的过程。在未来，随着科技的进步和环保意识的提高，海洋运动产业有望继续创新和发展。

二、中国海洋运动产业的发展历程

（一）萌芽阶段

1. 早期海洋活动的兴起

中国的海洋运动产业起步较晚，但早期的海洋活动可以追溯到古代。中国古代的海上活动主要以航海和捕鱼为主，早期的航海技术和渔业活动为后来的海洋运动奠定了基础。随着时间的推移，西方海洋运动项目逐渐传入中国。20世纪初，随着西方体育文化的引入，中国沿海城市开始出现一些简单的海洋运动活动。然而，由于当时的社会经济和科技水平有限，海洋运动在中国的发展仍处于初级阶段，参与者主要是一些大城市的少数富裕群体。

2. 初步形成产业雏形

改革开放后，中国的经济迅速发展，人们的生活水平显著提高，对休闲娱乐活动的需求也不断增加。20世纪80年代至90年代，随着旅游业的发展，沿海地区的海洋活动逐渐增多，海洋运动逐步形成产业雏形。海南、广东等地凭借优越的自然条件和政策支持，成为中国海洋运动的发源地和试验田。此时，各种海洋运动项目，如冲浪、帆船、潜水等被引入并逐渐普及，吸引了越来越多的爱好者和游客参与。

在这个阶段，海洋运动主要集中在一些大型旅游景区和度假村内，相关的基础设施和服务逐步完善。例如，三亚作为中国著名的海滨旅游城市，开始大力发展海洋旅游和运动项目，吸引了大量国内外游客。这一时期，海洋运动产业的发展仍处于探索和积累阶段，但已经初步形成了一定的规模和影响力，为后来的快速发展奠定了基础。

（二）快速发展阶段

1. 政策支持的加强

进入21世纪，随着国家对海洋经济和体育事业的重视，海洋运动产业迎来了快速发展的阶段。政府出台了一系列支持政策和措施，鼓励和推动海洋运动产业的发展。例如，《中华人民共和国体育法》和《全民健身条例》等法律法规的颁布，为海洋运动的规范化和可持续发展提供了制度保障。此外，国家和地方政府也通过投资建设基础设施、举办大型赛事、推广海洋运动文化等方式，积极推动海洋运动产业的发展。政策支持的加强，为产业发展提供了良好的环境和条件，极大地促进了海洋运动的普及和推广。

2. 技术进步的推动

随着科技的进步，海洋运动器材和设备的研发与制造水平不断提高，为海洋运动的发展提供了重要的技术支撑。例如，轻量化、高强度的新材料的应用，使得冲浪板、帆船、潜水装备等器材更加耐用和便捷。人工智能技术的应用，使得海洋运动的安全性和体验度大幅提升。互联网和信息技术的发展，使海洋运动的推广和传播更加便捷，吸引了更多的年轻人参与其中。技术进步的推动，不仅提升了海洋运动的质量和水平，还为产业的创新和升级提供了新的动力。

3. 市场需求的爆发

随着人们生活水平的提高和消费观念的转变，海洋运动的市场需求不断增长。越来越多的人开始关注和参与海洋运动，将其作为一种新的休闲娱乐和健身方式。尤其是在沿海城市和旅游热点地区，海洋运动项目成为吸引游客的重要因素。例如，青岛作为中国著名的帆船之都，凭借其优越的自然条件和赛事资源，吸引了大量的帆船爱好者和游客。市场需求的爆发，不仅推动了海洋运动项目的快速发展，还带动了相关服务业的发展，如酒店、餐饮等，形成了良好的产业链和生态圈。

（三）成熟与多元化阶段

1. 产业链条的完善

随着海洋运动产业的快速发展，海洋运动的产业链逐步完善。从上游的器材研发与制造，到中游的赛事组织与服务，再到下游的休闲旅游与健康养生，各个环节都得到了全面的发展和提升。在器材研发与制造方面，国内企业逐渐崭露头角，推出了一系列具有自主知识产权和高技术含量的产品，提升了产业的竞争力和影响力；在赛事组织与服务方面，各类海洋运动赛事，如帆船比赛、冲浪比赛等不断涌现，吸引了大量国内外参赛者和观众；在休闲旅游与健康养生方面，各类海洋运动体验项目和健康管理服务蓬勃发展，为消费者提供了多样化的选择和体验。

2. 业态的多元化发展

随着产业的不断成熟，海洋运动业态也呈现多元化发展的趋势。除了传统的海洋运动项目外，一些新兴的、综合性的项目也不断涌现。例如，结合文化旅游的海洋运动项目，如海洋文化节、海洋博物馆等，不仅丰富了海洋运动的内涵，还提升了其文化价值和吸引力。此外，一些健康养生和康复治疗项目，如海洋疗养等，融合了海洋运动的健身功能和健康管理理念，受到大众的广泛关注和欢迎。业态的多元化发展，不仅拓展了海洋运动的市场空间，还提升了产业的附加值和综合竞争力。

3. 国际化程度的提升

随着中国海洋运动产业的不断发展和国际交流的深入，产业的国际化程度也在不断提升。越来越多的国际赛事和活动在中国举办，吸引了大量国外参赛者和观众，提升了中国海洋运动的国际知名度和影响力。例如，青岛国际帆船周、万宁国际冲浪大赛等赛事，不仅促进了国内外海洋运动爱好者的交流，还推动了中国海洋运动产业的国际化进程。越来越多的中国企业和机构开始参与国际海洋运动市场，通过合作、并购和投资等方式，拓展国际市场，提升国际竞争力。国际化程度的提升，为中国海洋运动产业的发展带来了新的机遇和挑战。

三、深圳海洋运动产业的发展历程

深圳坐落于广东省南部沿海地区，东临大亚湾和大鹏湾，西接珠江口，南与香港新界接壤，北靠东莞、惠州两市，全市面积达 1997.47 平方千米。深圳作为珠江三角洲区域的核心城市之一，是连接"珠三角"与香港的重要门户与桥头堡。深圳的海岸线长达 260.5 千米，其中具备建设深水港条件的有 6 处，包括我国四大国际中转深水港之一的盐田港。深圳依山傍海，是拥有优美山海风光的海滨城市，分布着大梅沙、小梅沙、西涌等黄金海滩。

（一）起步阶段

深圳作为中国改革开放的前沿城市，其海洋运动产业起步较早。凭借得天独厚的地理位置和丰富的海洋资源，深圳从 20 世纪 80 年代开始发展海洋运动。早期，深圳的海洋运动主要以一些基础性运动为主，如游泳、划船等，主要在海滨公园和度假村内进行。随着经济的发展和居民生活水平的提高，深圳的海洋运动逐渐从简单的娱乐活动向更专业和多样化的运动项目方向发展。

深圳的海洋运动产业仍处于初级阶段，基础设施和服务体系有待进一步完善，群众参与度不高。然而，随着政府的重视和投资的增加，深圳开始建设和完善海洋运动的基础设施，如海滨浴场、码头、训练基地等，为产业的进一步发展提供了良好的条件。同时，深圳也开始引进和推广一系列新兴海洋运动项目，如冲浪、帆船等，这些项目的推广不仅丰富了市民的休闲娱乐生活，还为海洋运动产业的发展奠定了坚实的基础。

（二）发展壮大阶段

进入 21 世纪，深圳的海洋运动产业步入快速发展和壮大阶段。在政府的大力支持和引导下，深圳不断加大对海洋运动基础设施及其配套服务的投资建设，打造了一系列高标准的海洋运动场所和设施。例如，深圳大鹏新区利用其优越的自然条件和丰富的海洋资源，打造海上运动基地，吸引了大量运动爱好者和游客。同时，深圳还举办了一系列具有国际影响力的海洋运动赛事，如中国杯帆船赛、粤港澳大湾区海上龙舟赛（深圳南澳）等，这些赛事不仅提升了深圳的国际知名度，还带动了深圳海洋运动相关产业的发展。

在发展壮大阶段，深圳的海洋运动产业链逐步完善，特别是在器材研发与制造方面，深圳凭借其强大的科技和制造优势，孕育出一批具有自主知识产权和高技术含量的企业和产品，提升了深圳海洋运动产业的竞争力和影响力。深圳注重海洋运动的推广和普及，通过组织培训和教育活动，培养了一大批海洋运动爱好者和专业人才，为深圳海洋运动产业的持续发展提供了保障。

（三）转型升级阶段

随着产业的发展和市场需求的变化，深圳海洋运动产业逐渐进入转型升级阶段。在这一阶段，深圳注重通过科技创新和产业融合，提升海洋运动产业的附加值和综合竞争力。例如，深圳引入了先进的智能化和信息化技术，推动海洋运动器材和设备的升级换代，这些技术的应用不仅提升了运动体验感和安全性，还为产业创新注入了新的活力。

在转型升级阶段，深圳注重海洋运动与旅游、健康、文化等产业的融合发展，打造多元化的产业形态和生态圈。例如，深圳大鹏新区不仅发展了各种海洋运动项目，还结合当地的旅游资源和文化特色，推出了一系列综合性的旅游和文化活动，如深圳海上国际文化节、大鹏·山海音乐会等，这些活动不仅丰富了游客的体验，还提升了深圳的城市形象和品牌影响力。深圳注重国际化发展，通过引进和举办国际赛事和活动，提升产业的国际知名度和影响力，推动海洋运动产业的全球化进程。

总的来说，深圳的海洋运动产业经历了从起步、发展壮大到转型升级的历程，每个阶段都有其特点和重要事件。在政府的支持和市场的推动下，深圳的海洋运动产业不断创新和发展，形成了具有国际竞争力和影响力的产业集群。展望未来，随着科技的进步和市场需求的变化，深圳的海洋运动产业必将迎来更加多元化和高质量的发展，为城市的经济和社会发展做出更大的贡献。

第三节 深圳海洋运动产业的现状与挑战

一、深圳海洋运动产业的现状

（一）主要海洋运动项目与活动

深圳的海洋运动项目种类繁多，包括帆船、冲浪、潜水、海钓、水上摩托艇等，每一项都充满挑战与乐趣，吸引了国内外众多运动爱好者和专业选手前来参与。

帆船运动是深圳海洋运动的一张闪亮名片。作为中国杯帆船赛的永久举办地，深圳每年吸引了来自世界各地的顶尖帆船队伍前来竞技。中国杯帆船赛的举办，不仅提升了深圳的国际知名度，也极大地推动了深圳帆船运动的发展。赛事期间，大亚湾水域百舸争流，成为一道亮丽的风景线。

冲浪运动在深圳日渐兴起。深圳东部海域拥有适合冲浪的优质浪点，如大鹏新区的一些海域，已成为冲浪爱好者的天堂。近年来，随着冲浪文化的传播和冲浪装备的普及，越来越多的人开始接触并喜爱上这项充满刺激和挑战的运动。深圳举办了一系列冲浪赛事，如 2022 年第二届 FlowLife 滑板冲浪大赛在深圳西涌滨海旅游度假区 4 号冲浪基地成功举办，进一步推动了冲浪运动在当地的普及和发展。

此外，潜水、海钓等海洋运动项目也在深圳有着广泛的群众基础。深圳周边海域生态资源丰富，珊瑚礁、热带鱼群等海底景观美不胜收，为潜水爱好者提供了绝佳的潜水体验。海钓作为一项结合了休闲与竞技的海洋运动，也深受大众的喜爱。深圳的海钓资源丰富，有近海的鱼群，更有远海的深海鱼类，为海钓爱好者提供了丰富的选择。

（二）产业规模与经济贡献

深圳海洋运动产业的规模近年来持续扩大，对经济的贡献日益显著。随着人们生活水平的提高和健康意识的增强，海洋运动逐渐成为人们追求健康、享受生活的重要方式之一。深圳凭借其独特的海洋资源和完善的运动设施，吸引了大量游客和市民参与海洋运动，从而带动了相关产业的发展。

深圳海洋运动产业保持着快速发展的态势，这一产业的快速发展不仅直接促进了体育服务业种类与数量的增长，还带动了旅游、餐饮、住宿、交通等相关行业的繁荣发展。例如，海洋运动赛事的举办吸引了大量观众和游客前来观赛和游玩，带动了周边地区的住宿和餐饮消费；同时，赛事的举办也促进了体育旅游产品的开发和销售，为旅游市场注入了新的活力。

深圳海洋运动产业的发展还带动了相关产业链的延伸和拓展。从运动装备的生产和销售到运动场馆的建设和运营，再到运动培训和教育等，各个环节都形成了完整的产业链。这些产业链的延伸和拓展不仅为深圳的经济发展提供了新的增长点，也为市民和游客提供了更加便捷、专业的海洋运动服务。

深圳在海洋运动的推广与进步层面取得了一定成果。政府举行各类海洋体育活动，如帆船运动的市民体验活动等，这些活动不仅丰富了市民的文化生活，还提升了公众的海洋意识与环保意识。与此同时，深圳在海洋运动的基础建设方面也投入了大量资源，诸如构建海洋新城、培育并强化海洋新兴产业、创建深圳海洋大学以及国家深海科考中心等。

深圳将海洋运动和旅游业相结合，推动了海洋经济的发展。举例来讲，截至2024年，中国杯帆船赛已在深圳大亚湾成功举行了16届，这既凸显了大鹏大亚湾在海上运动领域的领先地位，也展示了深圳在全球海洋体育领域的影响力。此外，深圳市还通过举行国际游艇展等活动，吸引了来自全球各地的游艇制造商、设计师、经销商以及爱好者汇聚一堂，推动了深圳海洋经济领域的发展。

（三）主要企业与市场结构

深圳海洋运动产业的市场结构呈现多元化、竞争激烈的态势。在这一领域，既有国内外知名的体育品牌和企业入驻深圳市场，也有本土企业凭借地域优势和创新精神迅速崛起。这些企业共同构成了深圳海洋运动产业的主要力量，推动着整个海洋运动产业的快速发展。

国内外知名运动品牌，如阿迪达斯、耐克、安踏等，在深圳设有分支机构或专卖店，销售各类海洋运动装备和器材。这些品牌凭借强大的品牌影响力和产品实力在深圳市场占据重要地位。同时，一些国际知名的海洋运动品牌，如极速骑板、里普柯尔等，也纷纷进入深圳市场，为市民和游客提供了丰富多样的选择。

本土企业在深圳海洋运动产业中同样扮演着重要角色。这些企业凭借对本地市场的深入了解和创新精神，在海洋运动装备生产、赛事组织、运动培训等领域取得了显著成绩。例如，深圳一家知名的帆船俱乐部不仅拥有众多高性能帆船和专业的教练团队，还成功举办了多项国内外知名的帆船赛事；另一家专注于潜水装备研发和生产的企业则凭借其创新的产品和优质的服务赢得了市场的广泛认可。

在市场结构方面，深圳海洋运动产业呈现多元化、细分化的特点。不同的运动项目有着不同的消费群体和市场需求，因此各个细分市场也呈现不同的竞争格局。

例如，在帆船运动领域，高端赛事和专业培训市场主要由国内外知名企业和俱乐部占据；在潜水、海钓等休闲运动领域，涌现出一批以提供个性化、差异化服务为主的本土企业。这种多元化的市场结构不仅满足了不同消费群体的需求，也为整个产业的健康发展提供了有力保障。

深圳海洋运动产业还注重与旅游、文化等产业的融合发展。通过举办海洋运动赛事、建设海洋运动主题公园等方式，将海洋运动与旅游观光、文化体验等紧密结合，为市民和游客提供了更加丰富多样的海洋运动体验。2023 中国海洋经济博览会（以下简称"海博会"）在深圳成功举办。这场以"开放合作、共赢共享"为主题的盛会，吸引了全球的目光，聚集了国内外众多海洋产业的领军企业和专家学者，共同探讨海洋经济的发展趋势和挑战，展示海洋科技的最新成果和产品。海博会上唯一的馆外展区——国际休闲船艇展在深圳机场码头铺设。此次国际休闲船艇展发挥机场码头水上新业态优势，集中展示游艇行业全产业链，开展海上综合活动、海洋文体旅游项目等，打造兼具大众性、科普性、专业性的"亲海"体验，服务深圳全球海洋中心城市建设。这一活动不仅展示了海洋运动产业的最新成果和产品，还通过提供海上活动和文体旅游项目，促进了公众对海洋运动的参与和了解，从而推动了海洋运动产业的发展和普及。

（四）形成海洋运动产业链

帆船游艇运动既是体育活动，也是海洋文化和海洋旅游的一部分，是一种极具活力和潜力的经济活动。帆船游艇运动被誉为"漂浮在黄金水道上的商机"，1 美元投资可带来 6.5 美元至 10 美元的经济效益。深圳以深圳市纵横四海航海赛事管理有限公司（以下简称"纵横四海"）为龙头，抓住中国杯帆船赛带来的商机，持续促进海洋运动产业链的完善、延伸和强化。发展海洋运动产业，已成为深圳建设全球海洋中心城市的一个抓手。

1. 海洋秀场创世界级赛事"深圳速度"

2023 年，对中国帆船运动来说是里程碑意义的一年。第十四届与第十五届中国杯帆船赛分别于 3 月与 11 月在深圳市成功举办，标志着该赛事实现了年度内的双赛制创新，显著提升了其在亚太地区乃至全球帆船运动界的地位与影响力。其中，第十五届赛事汇聚了来自全球 30 个国家和地区的 200 多支船队，共计 1200 余名选手。赛事的成功举办进一步巩固了中国杯帆船赛作为亚太地区规模最大、影响力最深远的顶级帆船赛事的地位。

中国杯帆船赛是经国家体育总局批准，由国家体育总局水上运动管理中心和深圳市文体旅游局共同主办，产生于本地、立足于世界的中国历史上第一个国际帆船大赛事。在深圳构建全球海洋中心城市的战略规划中，中国杯帆船赛被明确列为重点扶持的唯一品牌赛事，彰显了其在推动城市海洋文化及经济发展中的独特价值。

中国杯帆船赛的成功举办不仅是体育竞技层面的盛事，更是促进海洋经济高质量发展的有力推手。它以帆船运动为核心，构建了一个集体育竞技、文化交流、商业合作于一体的综合性平台，有效促进了产业链上下游的深度整合与协同发展。深圳借此契机，积极打造海洋经济的"蓝色引擎"，通过赛事的辐射效应，吸引了国内外众多高端人才与资源的汇聚，为海洋相关产业的创新发展注入了强劲动力。

中国杯帆船赛还展现出显著的社会经济效益。据《2019深圳帆船运动蓝皮书》深度分析，截至2019年年底，该赛事已累计吸引超过150万人次的公众参与，直接带动包括船艇购置、维护、装备、教育培训、赛事消费及文化活动在内的多维度消费，年消费总额突破10亿元大关。这一现象不仅反映了中国杯帆船赛作为社会活动平台与商业展示舞台的强大吸引力，也彰显了其在促进深圳城市形象塑造、海洋文化传播及海洋经济多元化发展方面的积极作用。

中国杯帆船赛不仅是一项国际顶尖的体育赛事，更是深圳乃至中国在全球海洋经济与文化交流领域的一张亮丽名片。中国杯帆船赛的持续创新与深远影响，为国际帆船运动的发展贡献了"中国智慧"与"深圳力量"。

2. "黄金水道"浮现海洋运动产业链

2013年，深圳市政府高瞻远瞩，通过发布《深圳市海洋产业发展规划（2013—2020年）》，明确将邮轮游艇与海洋电子信息、海洋生物、海洋高端装备并列为四大优先发展的海洋产业领域，为海洋运动产业的发展奠定了政策基础。2017年，深圳进一步设立体育产业发展专项扶持资金，旨在激励社会各界积极参与国际体育赛事的举办，有效汇聚社会资本与资源，加速体育运动的产业化进程，为海洋运动产业的发展注入了强劲的政策动力。

深圳在探索海洋运动产业发展路径的过程中，逐步构建了一个"以赛事为引领，以教育为基础，以产业为支撑，以文化为灵魂"的综合发展模式。中国杯帆船赛作为这一模式的典范，成为连接产业上下游、促进资源高效配置的关键节点。其承办单位之一"纵横四海"巧妙地将举办高规格帆船赛事作为催化剂，成功破解了海洋运动产业集聚发展的密码，促使该产业在深圳生根发芽，茁壮成长。近年来，深圳接连成功举办了包括"宝安杯"深圳帆船邀请赛、深圳海岸帆船赛、"学生杯"深圳帆船赛等一系列赛事与活动，形成了东西海岸并进的帆船运动发展格局，极大地丰富了海洋运动生态，提升了城市的国际影响力。

这一系列赛事的成功举办，不仅直接刺激了帆船游艇的消费市场，提升了深圳作为国际海洋城市的品牌形象，还深刻促进了海洋运动产业链的整合与升级，激发了产业链各环节的活力与创造力。众多国内外制造商、供应商、服务商纷纷被吸引至此，通过"补链""延链""强链"，构建一个紧密协作、互利共赢的产业链生态系统，展现海洋运动产业强大的经济吸附力与增长潜力。目前，深圳已汇聚了近30家知名游艇会，成为该领域的重要集聚地之一。

3. 帆船文化吸引各方力量同心强"链"

当前，深圳市正以前所未有的力度推进其全球海洋中心城市的建设愿景，其中，海洋运动产业作为关键构成部分，正逐步成为推动城市海洋经济多元化与国际化发展的重要引擎。然而，在全球海洋运动及其产业版图中，深圳仍处于相对初级的探索阶段，亟须通过持续的创新与实践增强自身在行业内的影响力与话语权。

近年来，"纵横四海"组织依托中国杯帆船赛这一国际知名赛事平台，积极策划并实施了一系列帆船文化推广活动，旨在拓宽海洋运动的受众基础，提升深圳在海洋运动领域的全球知名度与认可度。这一系列举措不仅加深了公众对海洋运动的理解与兴趣，更为深圳海洋运动产业的蓬勃发展奠定了坚实的文化基础与社会基础。

在"纵横四海"的示范引领下，深圳正汇聚越来越多的本土力量投身于海洋运动产业的建设与发展，形成了政府引导、企业参与、社会共治的良好局面。特别是在迎接2025年大湾区全运会的背景下，深圳主动担当，牵头策划并推动"粤港澳大湾区帆船赛"的举办，旨在通过这一常态化的赛事活动，加强大湾区各城市间的水上运动交流与合作，共同促进区域海洋运动事业的繁荣发展。

深圳积极响应《深圳市综合交通"十四五"规划》中关于"创新建设粤港澳国际游艇旅游自由港"的战略部署，致力于打通大湾区海上交通网络，实现帆船游艇的自由流通与便捷服务。此外，2021—2025年，世界帆船对抗巡回赛总决赛连续5年落户宝安，这不仅是对深圳海洋运动产业实力的认可，更是对深圳未来在该领域发展潜力的期待。

为了进一步提升深圳在全球海洋运动领域的影响力与地位，深圳联合世界各大湾区，共同发起"世界湾区帆船运动联盟"，并同步创办世界湾区帆船赛，旨在通过这一高规格的赛事平台，汇聚全球海洋运动资源，推动深圳乃至中国海洋运动产业的国际化进程。

在硬件设施建设方面，深圳正在加速推进游艇会及公共码头的规划与建设。未来，深圳计划选址建设拥有超过7200个泊位的公共码头，旨在打造一个集赛事举办、产业发展、文化交流与教育培训于一体的综合性水上运动基地，为深圳海洋运动产业的可持续发展提供强有力的支撑与保障。

二、深圳海洋运动产业面临的挑战

（一）自然环境挑战

深圳海洋运动产业在蓬勃发展的同时，也面临着来自自然环境的诸多挑战。这些挑战不仅影响着运动的开展，还对产业的可持续发展构成了潜在威胁。

首先，海洋气候的多变性是深圳海洋运动产业必须面对的首要问题。深圳位于南海之滨，受季风影响显著，海洋气候复杂多变。台风、季风、海雾等极端天气现象时有发生，这些不仅给海上运动带来极大风险，还可能导致赛事延期或取消，给海洋运动产业带来经济损失。例如，夏季是深圳海洋运动的高峰期，但也是台风活动频繁的季节，一旦有台风预警发布，所有海上活动都必须立即停止，这对依赖季节性赛事和活动营利的企业来说，无疑是一个巨大挑战。

其次，海洋生态环境的保护问题日益凸显。随着海洋运动产业的快速发展，人类活动对海洋生态环境的影响日益加剧。过度捕捞、污染排放、噪声干扰等问题都对海洋生态系统造成了破坏，进而影响了海洋运动的生态环境质量。例如，一些热门潜水点因水质恶化、珊瑚白化而失去吸引力，导致游客数量减少，影响了相关产业的发展。因此，如何在发展海洋运动产业的同时保护好海洋生态环境，成为摆在深圳面前的一个重要课题。

（二）产业政策与法规的制约

产业政策与法规的完善程度直接影响深圳海洋运动产业的发展环境和速度。尽管深圳市政府在推动海洋运动产业发展方面做出了一定努力，但仍存在一些制约因素。

一方面，海洋运动产业的政策体系尚不健全。目前，深圳针对海洋运动产业的专项政策较少，多数政策散见于体育、旅游、环保等相关领域。这种政策分散的现状导致企业在享受政策红利时存在不便，难以形成有效的政策合力推动产业发展。同时，由于缺乏针对性的政策引导和支持，一些具有潜力的海洋运动项目难以获得足够的资源和关注，发展空间受到限制。

另一方面，法规建设滞后也是制约深圳海洋运动产业发展的一个重要因素。海洋运动涉及多个领域和部门，需要完善的法规体系来规范和管理。然而，目前深圳在海洋运动领域的法规建设相对滞后，一些新兴项目和业态缺乏明确的法规依据和监管标准。这不仅增加了企业的运营成本和法律风险，也影响了消费者的权益保障和市场秩序的稳定。因此，加强法规建设、完善监管体系成为深圳海洋运动产业发展的重要任务。

（三）市场需求与消费习惯的变化

市场需求和消费习惯的变化对深圳海洋运动产业产生了深远影响。随着时代的发展和社会的进步，人们的消费需求和消费习惯不断发生变化，这对海洋运动产业提出了新的挑战和要求。

一方面，消费者对于海洋运动项目的多样性和个性化需求日益增长。传统的帆船、潜水等项目已经难以满足所有消费者的需求，更多新颖、刺激、具有挑战性的项目，如冲浪、水上摩托艇等受到消费者的青睐。这就要求海洋运动产业不断创新产品和服务模式，以满足消费者的多元化需求。然而，创新并非易事，需要企业投入大量人力、物力和财力进行研发和推广。对于中小企业而言，这种创新压力尤为巨大。

另一方面，消费者对健康、安全、环保等方面的关注度不断提高。在参与海洋运动时，消费者更加注重运动的安全性和对环境的保护。这就要求海洋运动产业在提供产品和服务时更加注重安全和环保标准的制定和执行。然而，目前一些企业在追求经济效益的同时忽视了安全和环保问题，给消费者带来了安全隐患，给环境带来了污染风险。这不仅损害了消费者的权益和信任，也影响了整个产业的形象和声誉。因此，加强安全管理和环保建设成为深圳海洋运动产业不可忽视的重要任务。

（四）产业人才与技术短缺

人才和技术是深圳海洋运动产业发展的核心要素。然而，目前该产业在人才和技术方面仍面临较大短缺问题。

首先，产业人才短缺是制约深圳海洋运动产业发展的关键因素之一。海洋运动产业涉及多个领域和学科的交叉融合，要求从业人员具备较高的专业素养和综合能力。然而，目前深圳在海洋运动领域的人才培养体系尚不完善，专业人才供给不足。这导致企业在招聘和用人方面面临较大困难，难以吸引优秀的人才加入。同时，现有人才队伍也存在结构不合理、技能水平参差不齐等问题，难以满足产业发展的需求。

其次，技术短缺也是深圳海洋运动产业发展面临的重要挑战之一。随着科技的不断发展和应用领域的不断拓展，海洋运动产业对于新技术的需求日益迫切。然而，目前深圳在海洋运动领域的技术研发和应用方面相对滞后，缺乏具有自主知识产权的核心技术和产品。这导致企业在市场竞争中处于不利地位，难以形成竞争优势。同时，技术短缺也限制了企业在产品创新和服务升级方面的能力提升，影响了整个产业的发展速度和质量。因此，加强技术研发和人才培养成为深圳海洋运动产业实现跨越式发展的关键所在。

第二章　深圳海洋运动产业的理论基础

海洋运动产业的蓬勃发展不仅需要实务层面的推进，还需要坚实的理论支持。本章将探讨深圳海洋运动产业的理论基础，包括海洋经济理论、体育产业经济学、产业集群理论和可持续发展理论。通过对这些理论的详细分析，为深圳海洋运动产业的发展提供理论支撑，揭示理论与实践的结合点，帮助我们理解如何通过理论指导产业实践，推动深圳海洋运动产业的创新和升级。

第一节　海洋经济学

一、海洋经济的内涵

"海洋经济"一词，是 20 世纪 60 年代以来，随着全球大陆资源生态环境恶化、人类对海洋资源价值的挖掘、海洋科学技术的进步、海洋经济地位的提高而诞生的。依据国内外学者已有的研究成果，海洋经济概念的界定离不开三个要素：海洋资源、海洋产业和海洋空间。它们具有这几个共同点：第一，海洋经济的发展都是以海洋资源为基础，海洋经济是一种资源依赖性很强的经济活动；第二，海洋经济表现为海洋产业开发活动，海洋产业是海洋经济活动的核心，既包括海洋产业活动，也包括与海洋产业相关的经济活动；第三，海洋经济活动以一定的地域空间为载体，主要集中在海岸带区域。

结合海洋地域系统的特殊性，可以将海洋经济定义为：在海洋及其空间进行的经济开发活动和直接利用海洋资源进行加工，以及为开发、利用、保护、服务海洋而形成的经济活动。它是为满足经济社会发展的需要，以海洋资源为对象，通过投入一定的要素获取物质财富的经济活动的总和。

二、海洋经济的特点

（一）区域性

海洋经济具有区域性的特征，根据《全国海洋经济发展规划纲要》海洋经济区域分为海岸带及邻近海域、海岛及邻近海域、大陆架及专属经济区和国际海底区域。

（二）综合性

海洋经济作为海洋资源经济、海洋产业经济、海洋区域经济三位一体的综合性经济，是在多学科融合的基础上发展起来的。它不仅涉及经济学、海洋学、地理学、生物学、数学、政治学、管理学等多门学科的知识，还因其开发的难度和复杂性，决定了其发展必须依托海洋开发知识和高新技术。近年来，现代高新技术应用于海洋经济开发领域，海洋经济的发展也得到了高新技术的支撑，如海底机器人、海底探掘、海水淡化、海洋生物基因工程、电子计算机、遥感技术、激光、海洋机械制造等。这些不同学科的技术应用于海洋开发，为发展海洋经济提供了支持，从而也促进了以这些高新技术为产业技术基础的新兴产业不断兴起。

（三）联动性

"向海则兴，背海则衰。"人类发展史已经多次印证了一个国家或地区的兴衰荣败，与海洋经济的强弱休戚相关。随着对海洋开发的不断深入，海陆关系越来越密切，海陆之间的资源互补性、产业互动性、经济关联性进一步加强。在加快经济区工业化的进程中，海陆经济的联动发展将突破行政区划界限，缓解土地、电力等生产要素的供需矛盾，增强经济发展后劲，使沿海地区、近海地区与腹地形成分工合理、功能互补、协调发展的产业集群。进而，利用沿海地区的优势带动并辐射周边地区拓展产业布局和城市发展空间，使其成为区域性加工制造中心、物流中心、商贸中心、信息中心和文化交流中心，不断壮大区域综合经济实力和综合竞争力。

（四）资源性

从海洋经济的本质属性来看，一个国家或地区若没有一定面积的管辖海域，没有一定规模的可供研究和开发利用的海洋和海洋资源，就谈不上发展海洋经济。管辖海洋面积越大，所拥有的各类海洋资源总量越大、质量越高，其发展海洋经济的潜力就越大。换言之，海洋资源是海洋经济发展的基础和前提，海洋经济的发展对海洋资源具有高度依赖性。海洋是有别于陆地的特殊资源载体，有着独特的物理、化学、生态等方面的性质。相比陆地而言，海洋系统的各个组成部分之间的相互联系和相互影响更加直接、紧密，例如海洋污染扩散迅速，而治理和恢复则很困难，对海洋的生态破坏也容易造成快速和广泛的连锁反应。因此，如果忽视海洋环境保护和海洋资源养护，不采用可持续的管理、开发和发展模式，海洋经济的发展势必毁坏海洋生态环境。这样不仅会使海洋提供生态服务的功能损失殆尽，也会让海洋经济赖以成长和发展的资源基础丧失。从此种意义上讲，现代海洋经济属于生态经济范畴。因此，人类在发展海洋经济的同时，甚至在发展之前，就应该加强海洋资源环境的保护和养护，提升科学研究和国民教育水平，做好法治建设和执法工作，做好海洋和海岸带综合管理，以确保海洋的健康，确保海洋经济具有可持续发展的资源基础。

（五）技术密集、资金密集和高风险性

现代海洋经济产业主要包括两大类别：一类是融入新科学、新技术和新型管理手段，不断进行结构升级、组织创新和管理创新的传统海洋产业，如海洋造船与运输业、港口业、海洋渔业等；另一类是直接依托高新科学技术发展起来的新兴海洋产业，如海洋油气业、海洋材料化工业、海洋能源产业以及海洋生物制药业等。无论是传统海洋产业还是新兴海洋产业，科学技术在其中都扮演着越来越重要的角色，可以说海洋科学技术是现代海洋经济发展的核心依托，没有海洋科学技术的迅猛发展，就没有现代海洋经济的崛起。海洋高新科学技术的密集研发和应用一般伴随着高额的资金投入，这使得现代海洋经济产业呈现出技术密集型和资金密集型的双重特征。因此，包括陆域经济在内的一个国家或地区总体经济实力，是发展现代海洋经济的重要的资金基础和来源。发展海洋经济的风险主要来自两个方面：一方面是海洋科技创新失败以及发展决策失误导致的高额投入无法收回的风险，这属于正常的风险范畴，所有投资都可能面临这些风险；另一方面是地震、海啸、飓风、赤潮等海洋自然灾害会为沿海地区所有相关经济产业带来损失的风险，随着地球气候环境的变迁，海洋自然灾害的发生已经显示出频率越来越高、强度越来越大的迹象。

因此，在海洋经济的发展布局过程中，各主体必须考虑减灾防灾的需要，进行预设准备和预防性操作，同时提高自然灾害预警能力，尽量降低灾害发生时所带来的损失。对海洋灾害的预警、预防和应对能力，是一个国家或地区现代海洋经济持续竞争力的重要组成部分。因此，加强对海洋经济发展风险预警、规避和防范课题的研究非常重要。

三、海洋经济发展的重要意义

人类社会步入 21 世纪以来，全球海洋经济作为一个整体迅速成长壮大，并影

响着区域范围内的经济、政治、文化领域的变革进程。在广大海洋区域内,丰富的油气资源、矿产资源、生物资源、旅游资源、化学资源、水资源极大地吸引着世界的目光,对海洋的开发利用已经成为人类经济活动的重要组成部分。于是,在陆地已被人类充分开发利用,有些资源已显不足,而人口还在不断增长的情况下,沿海国家逐渐意识到,海洋已成为人类存在与发展的资源宝库,同时也是拓展空间的关键领域之一,是决定一个国家发展速度和经济质量的重要因素。

(一)海洋经济是人类文明进程的重要推动力

从 16 世纪开始,航海技术的进步和贸易的繁荣,以及随之而来的扩张、掠夺、侵略,加速了资本主义的原始积累,使资本主义经济迅速膨胀,奠定了资本主义物质和经济制度的基础。当然,海洋对人类命运的影响,不只限于对人类物质生活的影响,还有对人类文化和意识方面的影响。海洋是人类文明的摇篮,孕育出灿烂的海洋文化,锻炼出开放的海洋价值观。海洋文化特别是海洋意识,是人类关于海洋的地位、作用和价值的理性认识。作为一种社会观念形态,海洋文化的确立,对海洋开发、利用和保护具有决定性影响。

(二)海洋经济是现代国家发展的重要依托

海洋经济在现代国家发展战略中扮演着重要角色,不仅是国家生存空间的自然延伸,更是推动经济社会持续健康发展的关键引擎。它以其独特的资源禀赋、广阔的开发前景和深远的战略意义,日益成为衡量一个国家综合实力和国际竞争力的关键指标。

海洋经济的广泛性体现在其覆盖了从初级产业到高端服务业的全方位产业链。在第一产业领域,海洋渔业作为传统支柱产业,不仅为人类提供了丰富的蛋白质来源,还带动了渔业加工、冷链物流等相关行业的发展。随着科技的进步,海洋牧场、深远海养殖等新兴业态兴起,为海洋渔业注入了新的活力。

在第二产业领域,海洋经济涵盖了海洋油气、海洋矿产、海洋船舶与工程装备等多个高附加值行业。海洋油气资源的开发利用,为国家能源安全提供了重要保障;海洋矿产资源的勘探与开采,则不断拓宽了人类利用自然资源的边界。同时,海洋船舶制造与海洋工程技术的快速发展,不仅提升了我国在全球海洋产业链中的地位,也为我国海洋经济的转型升级提供了有力支撑。

在第三产业领域,海洋经济更是展现出了其强大的增长潜力和创新能力。海洋旅游业、海洋交通运输业、海洋信息服务业等现代服务业的蓬勃发展,不仅促进了就业、拉动了消费,还极大地提升了海洋经济的附加值和竞争力。特别是随着大数据、云计算、人工智能等先进技术的融合应用，海洋经济正逐步向智能化、绿色化、服务化方向转型升级。

海洋经济还是参与国际竞争、实行对外开放的重要舞台。通过加强与其他国家和地区的海洋合作与交流，共同开发海洋资源、保护海洋环境、维护海洋权益，不仅可以促进全球经济的繁荣与发展，还可以增进各国人民之间的友谊与互信。因此，大力发展海洋经济，对于提升我国综合国力、拓展国家发展空间、实现中华民族伟大复兴的中国梦具有重大意义。

（三）海洋经济是陆地经济发展的重要补充

众所周知，海洋是生命的摇篮，生命起源于海洋。海洋是全球生命支持系统的一个重要组成部分，也是人类社会可持续发展的宝贵财富。随着陆地资源短缺、人口膨胀、环境恶化等问题的日益严峻，海洋经济的发展将成为人类生存、陆域经济发展的重要补给。例如，海洋渔业的发展不但加快了国民经济的增长速度，还能够从食品结构、生活质量上满足民众的需求，形成具有战略意义的优质食品资源基地；海洋交通运输业的发展，方便、快捷、有效地满足了越来越多的对内对外贸易的运输需求，为国际贸易的发展提供助力；滨海旅游业的发展，更好地满足了人们日益增长的休闲、娱乐、文化生活的需求，提高了社会生活质量；海洋油气业的有效开发，为建设重要的原材料基地提供了不竭的接续资源，缓解了能源供应的紧张局面；海水利用业的发展，使海水成为工业和生活设施用水的重要水源，形成战略性的接续产业；海洋生物医药业的发展，增强了医疗行业的科技含量和技术素质，有利于进一步提高人民群众的健康水平。由此可见，海洋经济对于陆地经济具有的强互补性是传统经济增长方式所无法比拟的。

四、海洋经济理论对深圳海洋运动产业产生的作用

海洋经济理论对深圳海洋运动产业产生了显著的作用，主要体现在以下几个方面。

（一）政策引导与支持

海洋经济理论强调了海洋资源的重要性以及发展海洋经济的必要性，这为深圳市政府制定相关政策提供了理论依据。深圳市委、市政府高度重视海洋强国建设，并成立了专门的海洋发展局来统筹推进全市海洋领域各项工作，大力发展海洋经济。在政策引导和支持下，深圳海洋运动产业得到了快速发展，成为深圳海洋经济的重要组成部分。

（二）指明产业发展方向与路径

海洋经济理论为深圳海洋运动产业指明了发展方向和发展路径。深圳逐渐探索出一条"以赛事为引领，以教育为基础，以产业为支撑，以文化为灵魂"的海上运动产业发展新路径。例如，"纵横四海"及其全力打造的中国杯帆船赛，成为深圳海洋运动产业链的重要组成部分，有力拉动了帆船游艇消费，提升了深圳的国际知名度，并带动海上运动产业链的整合和勃兴。

（三）推动科技创新

海洋经济理论强调科技创新在海洋经济发展中的重要作用。深圳在海洋运动产业领域也积极引进和应用科技创新成果，推动产业升级。例如，深圳加快创新资源集聚，高标准建设国家深海科考中心和深圳海洋大学，推动设立深圳海洋科技咨询委员会，大力引进海洋顶尖人才、科研领军人才和产业高端人才。这些举措为深圳海洋运动产业提供了强有力的科技支撑和人才保障。

（四）产业集聚与生态构建

海洋经济理论还强调了产业集聚和生态构建的重要性。深圳在海洋运动产业领域积极推动产业集聚和生态构建，形成了一批具有竞争力的海洋运动产业集群。同时，深圳还充分发挥深圳市海洋产业联盟牵头单位的作用，加强联盟成员协同合作，推动国际交流与合作，提升海洋企业的核心竞争力。

（五）文化传承与品牌塑造

海洋经济理论还注重海洋文化的传承与品牌的塑造。深圳在海洋运动产业领域积极推广海洋文化，打造具有深圳特色的海洋运动品牌。例如，中国杯帆船赛等赛事的成功举办不仅提升了深圳的国际知名度，还促进了海洋文化的传播和普及。

第二节　体育产业经济学

一、体育产业概述

（一）体育产业的概念

体育产业是指为社会提供体育产品的同一类经济活动的集合以及同类经济部门的综合。体育产品既包括有形的体育用品，也包括无形的体育服务。体育经济部门不仅包括市场、企业，也包括从事经营性活动的其他各种机构，如事业单位、社会团体乃至个人。广义的体育产业指"与体育运动相关的一切生产经营活动，包括体育物质产品和体育服务产品的生产、经营两大部分"。狭义的体育产业指"体育服务业"或者是"体育事业中既可以进入市场，又可以营利的部分"。

（二）体育产业的内涵

体育产业不同于体育事业，体育事业的核心目标是满足社会精神文明的需求，更注重社会效益，具有公益、福利的属性。而体育产业的主要目的则是盈利，更注重经济效益，因而具有商业的性质。在资金来源方面，我国现行的财税政策规定，事业单位的经费由国家财政拨款，企业所需资金由银行贷款，到期还本付息。事业单位不纳税，而企业则按利率支付利税。体育事业向体育产业转型后，资金下拨情况就会发生变化。根据产业发展的运行机制，强调自我生存、自我发展、自我约束。在经济性质方面，事业经济性质是产品经济，运行机制主要靠行政指令，要求以福利、公益为主，以社会效益为主；产业经济性质是商品经济，运行机制依赖市场调节，要求以经营为主，在确保社会效益的同时，努力提高经济效益。随着社会的发展，人们对体育的需求日益增长，体育活动不再是少数人的选择。随着体育事业的产业化进程日益完善，体育已经成为一种特殊的可供娱乐的消费品。为了满足人们日益增长的体育消费的需要，专门从事体育服务产品生产和经营的人也越来越多。

二、我国体育产业经济学研究的进展

任何一种社会现象的产生与发展都无法脱离历史发展的大背景，体育领域中的各种经济现象也不例外。随着现代社会经济的发展，体育资源的经济价值逐渐显现，

体育产业经济问题也越来越引起体育界和经济界人士的关注。中国对体育产业经济学的研究是从 20 世纪 80 年代开始的。改革开放以前，受传统的计划经济体制和体育社会福利事业观念的限制，我国不存在体育产业经营，因而体育产业经济学的研究也无以谈起。改革开放之后，与各行各业一样，我国的体育产业焕发出了新的生机。特别是随着市场和交换关系的发展，仅仅将体育作为国家事业来经营，无法满足国家财政约束下政府对体育事业投入的需求。如何扩宽体育经费的来源，解决体育发展经费短缺的问题，充分发挥体育在提高人民物质文化生活需要方面的作用，成为体育事业管理者、体育理论界专家和体育工作者面临的重要问题。体育投入以及随之而来的体育体制和体育运行机制等问题，推动了我国体育经济学的研究。几十年来，在市场化改革和体育发展实践的不断推动下，我国体育产业经济学的研究也取得了显著的进展。

三、体育产业经济学的主要理论

（一）体育产业结构理论

体育产业结构理论主要研究体育产业结构的演变过程及其对经济发展的影响。它主要从经济发展的角度研究各行业间的资源占有关系、体育产业结构的层次演化，从而为制定体育产业结构的规划与优化政策提供理论依据。

（二）体育产业组织理论

体育产业内部企业之间的关系范畴是体育产业组织理论的研究对象。企业关系的变化与发展不仅影响企业本身的生存与发展，而且影响着体育产业的生存和发展。产业组织理论主要是为了解决所谓的"马歇尔冲突"的难题，即产业内企业的规模经济效应与企业之间的竞争活力的冲突。

（三）体育产业发展理论

对体育产业发展的研究涉及多个方面，包括产业发展规律、周期、影响因素、产业转移、资源配置、发展政策等问题。体育产业发展规律主要是指产业的诞生、成长、扩张、衰退、淘汰的各个发展阶段，以及这些阶段需要具备的条件和环境，应采取的政策措施。深入研究体育产业的发展规律，有助于决策部门根据产业发展规律发展的不同阶段采取不同的产业政策，也有助于企业根据法律采取相应的发展策略。不同阶段的体育产业有着不同的发展规律，在同一时期，不同行业的发展规律也各不相同。因此，只有深入研究体育产业的发展规律，提高产业竞争能力，才能更好地促进行业的发展，从而促进整个国民经济的增长。

（四）体育产业关联理论

体育产业关联理论又称体育产业联系理论或体育产业结构理论，它更广泛细致地用精确的量化方法来研究行业间质的联系与量的关系，属于体育产业经济学的"中观"部分。体育产业关联理论侧重于研究产业之间的中间投入和中间产出的关系，主要通过投入产出的方法来解决。体育产业关联理论还可以分析各相关产业的关联关系（包括前向关联和后向关联等）、体育产业的波及效果（包括体育产业感应度和影响力、生产的最终依赖度以及就业和资本需求量）等。

四、体育产业经济学对深圳海洋运动产业发展的作用

（一）指导产业发展战略与规划

体育产业经济学为深圳海洋运动产业的发展提供了理论依据和战略指导。通过深入研究体育产业经济学的相关理论，深圳可以更加科学地制定海洋运动产业的发展战略和规划，明确发展目标、发展路径和发展重点。这有助于确保海洋运动产业在发展过程中保持持续、健康、稳定的发展态势。

（二）优化产业结构与布局

体育产业经济学强调产业结构的合理性和优化性。在海洋运动产业的发展过程中，深圳可以借鉴体育产业经济学的相关理论，通过优化产业结构、调整产业布局，推动海洋运动产业的转型升级。例如，深圳可以大力发展海上运动赛事、海洋运动装备制造、海洋运动教育培训等产业链上下游环节，形成完整的产业体系，提高产业的整体竞争力。

（三）促进产业融合与创新

体育产业经济学鼓励产业间的融合与创新。在发展海洋运动产业时，深圳可以充分利用体育产业经济学的相关理论，推动海洋运动产业与其他相关产业的融合与创新。例如，深圳可以将海洋运动产业与旅游、文化、教育等产业相结合，开发具有特色的海洋运动旅游产品、海洋运动文化产品等，满足不同消费者的需求。同时，深圳还可以加强与国际先进地区的交流合作，引进国际先进的海洋运动产业技术和经验，推动海洋运动产业的创新发展。

（四）提升产业经济效益与竞争力

体育产业经济学注重产业的经济效益和竞争力。在发展海洋运动产业时，深圳可以通过运用体育产业经济学的相关理论和方法，提升海洋运动产业的经济效益和竞争力。例如，深圳可以加强海洋运动产业的市场调研和预测，准确把握市场需求和变化趋势，制定有针对性的营销策略和推广方案。同时，深圳还可以加强海洋运动产业的品牌建设和宣传推广，提高海洋运动产业的知名度和美誉度，吸引更多消费者和投资者关注与支持海洋运动产业的发展。

（五）推动政策制定与实施

体育产业经济学的研究成果为政府制定和实施相关政策提供了重要参考。在发展海洋运动产业时，深圳可以充分利用体育产业经济学的研究成果，推动相关政策的制定和实施。例如，深圳市政府可以出台一系列扶持海洋运动产业发展的政策措施，包括财政补贴、税收优惠、金融支持等，为海洋运动产业的发展提供有力的政策保障和支持。同时，深圳市政府还可以加强海洋运动产业的监管和管理，规范市场秩序，保障消费者的合法权益，为海洋运动产业的健康发展营造良好的市场环境。

第三节 产业集群理论

一、产业集群的概念

学者们对产业集群有着不同的称呼，有的称之为"区域企业的集群"，有的称之为"产业区"，还有的称之为"区域创新体系"。那么到底什么是产业集群呢？产业集群是一种独特的产业空间组织现象，指在某一特定领域中（通常以一个主导产业为核心），大量相关企业以及相关支撑机构在空间上集聚而形成的具有强劲、持续竞争优势的有机整体。

许多产业集群还包括由于延伸而涉及的销售渠道、顾客、辅助产品制造商、专业化基础设施供应商等，以及其他提供专业化培训、信息、研究开发、标准制定等的机构。因此，产业集群超越了一般产业范围，形成特定地理范围内多个产业相互融合、众多类型机构相互联结的共生体，它们共同构成这一区域的特色竞争优势。产业集群发展状况已经成为衡量一个经济体或一个区域和地区发展水平的重要指标。从产业结构和产品结构的角度来看，产业集群实际上是某种产品的加工深度和产业链的延伸，从一定意义上来讲是产业结构的调整和优化升级。从产业组织的角度来看，产业群实际上是在一定区域内某个企业或公司、大型企业集团的纵向一体化的发展。

从产业集群的微观层次分析，即从单个企业或产业组织的角度分析，企业通过纵向一体化，可以以成本较低的企业内部交易替代成本较高的市场交易，从而降低交易成本。纵向一体化可以增强企业生产和销售的稳定性。通过纵向一体化行为，可以在生产成本、原材料供应、产品销售渠道和价格等方面形成一定的竞争优势，提高市场进入壁垒。纵向一体化可以提高企业对市场信息的灵敏度。纵向一体化可以使企业进入高新技术产业和高利润产业等。

二、产业集群的特征

（一）空间集聚性

产业空间集聚是产业集群的外在表现形式，也是核心特征。现实中有竞争力的产业集群往往集中在某个特定区域。产业集群的空间范围并无规定，其空间范围可以大到一个国家，也可以小到一个县域、一个村镇乃至一个产业园区。相互强化的产业会出现地理集中性，通常是因为一个国家或地区的钻石体系中，各个关键要素都具有地理集中性。客户、竞争者和供应商的集中可以提升效率和专业化。产业地理集中之后又加强了其创新和进步的影响力，邻近的竞争者自然会心向往之。集群内企业和附近的大学会主动寻求合作和支持，从而相互受益。供应商不得不迁就客户而落户在集群周边。有经验的购买者推动了信息流通、需求与技术的结合，产品性能与服务也随之精益求精。

地理集中性还会造成所谓的"蒲公英经济"，其中大量新生企业从母体企业中衍生，并倾向于在邻近地方落户。新企业通常优先选择产业集群所在区域作为切入点；前向和后向联系企业的衍生活动也往往发生在同一个地区。地缘因素还会促进信息和活动的集中，地理位置的接近会使面对面交流和谈判更为便捷。产业信息交流、洞察竞争对手及互动强化的机会不断涌现。对产业而言，地理集中性就像一个磁场，吸引着高级人才和关键要素。

（二）生产专业性

产业集群的孕育与巩固根植于两大核心要素：其一为产品生产工艺的细分潜力，这是构成产业集群技术维度的基石。当生产流程能够清晰且有效地分解为若干连续或并行的阶段与工序时，就能为专业化分工与精细化作业提供先决条件，进而促进产业集群的形成与发展。其二为最终产品的空间流动性，即产品的可运输性，这一属性确保了市场范围的广泛性与供应链的灵活性。

在技术进步的浪潮中，尤其是以新技术革命为引领的变革浪潮中，传统的大规模、刚性化生产模式逐渐让位于小规模、柔性化生产范式，减弱了对跨国企业集中式生产设施的依赖。同时，市场需求结构亦发生深刻变化，主要表现为对更高水平分工与专业化的产品与服务的需求激增，这一趋势催生了一个足够规模的细分市场，以支撑多样化的专业供应商群体生存与发展。大量专业化中小企业的涌现，不仅提升了集群内部的生产效能，也拓宽了市场需求边界，形成了良性循环。

随着生产分工的日益深化，效率优化的追求促使企业倾向于聚焦核心竞争力领域，将非核心环节外包给专业供应商。然而，单一企业难以独立支撑起广泛供应商体系所需的庞大服务需求市场。产业集群的集聚效应则有效破解了这一难题。通过行业集中，形成了强大的服务需求聚合体，使得供应商能够凭借规模经济效应降低单位成本，分摊高昂的研发费用，并在集聚区域内的激烈竞争中激发创新动力，加大研发投入，提供高性价比的专业化设备与服务。

（三）相互关联性

产业集群作为一种高度复杂且动态的社会经济网络组织，其构成元素广泛涵盖了企业实体、高等教育与研究机构、金融资本提供方、中介服务平台、政府行政及公共服务部门，乃至终端消费群体。它们之间通过错综复杂的正式与非正式关联纽带紧密相连，共同编织成一个紧密协作与相互影响的网络体系。

在此网络体系架构中，正式关系往往体现为基于法律框架下的各类合同协议，明确界定了参与者之间的权利与义务，确保了合作的稳定性和可预见性。而非正式关系则是经过长期交往与互动自然形成的，虽无明确契约约束，却因历史积淀、信任基础及共同利益诉求而展现出高度的稳定性和韧性，成为集群内部合作与创新的隐形纽带。

竞争性联系是产业集群内在活力的源泉之一，尤其是在由同质化企业构成的集群中，企业间围绕共同市场提供相似产品或服务，竞争态势激烈，这种竞争性不仅促进了技术创新与效率提升，还强化了集群整体的适应性和响应速度。

互补性联系则构成了产业集群内部的另一重要支柱，企业间基于上下游产业链的紧密衔接，形成了相互依存、协同发展的生产综合体，这种互补性不仅增强了集群的产业集聚效应，还促进了资源的优化配置与循环利用。

所有权联系，特别是跨国公司通过跨国生产网络的布局，将不同地域的产业集群紧密相连，形成全球性的生产协作体系，使得集群间能够跨越地理界限进行知识与技术的快速传播与共享，增强了集群的国际化竞争力和市场渗透力。

社会文化联系则是产业集群独特性的重要体现，它根植于集群所在地的地理区位、社会文化土壤及制度环境之中。通过频繁的面对面交流、信息共享与思想碰撞，集群内各主体构建了一个富含社会资本的人际网络。这种非正式网络关系不仅促进了人力资本与知识资本的快速积累与有效扩散，还赋予了产业集群难以复制与模仿的竞争优势，成为集群持续创新与发展的重要驱动力。

在海洋运动产业中，产业集群的相互关联性主要体现在以下几个方面，这些方面展示了不同产业链环节之间的协作和依赖关系。

1. 装备制造与服务支持

海洋运动的装备制造商和服务提供商之间存在密切的联系。高质量的运动装备需要专业的维护和服务，而服务提供商也依赖于装备制造商提供的技术支持。例如，潜水设备如水肺需要通过专业的潜水培训机构进行推广和教学，才能在运动中被正确使用。潜水培训机构提供的课程和设备维护服务都依赖于这些制造商提供的技术和产品。

2. 赛事组织与旅游业

海洋运动赛事的组织者和旅游业之间存在着紧密的联系。大型海洋运动赛事往往吸引大量游客，为当地的旅游业带来显著的经济效益，如中国的 2024 山东港"远东杯"国际帆船拉力赛和澳大利亚的悉尼－霍巴特帆船赛。这些赛事不仅展示了运动员顶尖的帆船竞技实力，还吸引了大量的观众和游客，推动了当地的酒店、餐饮和交通等旅游相关行业的发展。

3. 科技研发与应用

海洋运动的科技研发与实际应用之间密不可分。新技术的研发直接影响运动装备的性能和安全性，而这些技术应用又推动了产业的发展。例如，近年来在海洋运动中应用的无人机技术，还可以用于海洋运动赛事的实时监控和数据收集。无人机和数据分析技术被广泛应用于赛事组织和运动员训练中。

4. 媒体宣传与品牌推广

海洋运动产业的媒体宣传和品牌推广相互依赖。媒体报道能够提升品牌知名度，而品牌的推广活动则为媒体提供了丰富的报道内容。例如，知名饮料品牌通过赞助极限水上运动赛事进行品牌推广，而这些赛事又通过媒体报道，获得了广泛的曝光和关注。

5. 教育培训与职业发展

海洋运动的教育培训机构和职业发展之间存在联系。教育培训机构提供专业技能培训，帮助学员进入海洋运动行业，而职业发展的机会又促进了这些培训机构的发展。例如，专业的帆船培训学校——加拿大"海上课堂"为学生提供帆船技术培训，这些学生毕业后可能成为专业的教练或运动员，推动了海洋运动产业的职业化发展。

6. 环保与可持续发展

海洋运动产业的环保措施和可持续发展理念越来越受到重视。环保组织和可持续发展倡导者与海洋运动产业的合作，推动了环保技术的应用和环境保护意识的提升。海洋保护协会与各大海洋运动赛事合作，推广环保措施，如减少一次性塑料的使用、清理海洋垃圾等。这些措施不仅保护了海洋环境，也增强了公众对海洋运动的环保意识。

这些方面展示了海洋运动产业集群的复杂性及其相互关联性，各个环节和区域的紧密合作、技术创新和文化推广共同推动了产业的整体发展。

（四）发展周期性

产业集群和产业一样也存在生命周期。根据学界的研究，一个典型的产业集群的发展周期大体可以划分为诞生期、成长期、成熟期、衰退或复兴期四个阶段。产业集群诞生期是区域内核心产业启动，集群开始形成的时期。此时的集群内企业还不多，专业化分工程度较低，集群尚未达到临界规模。产业集群的诞生有很多原因，包括特定的历史环境、市场需求、原有的产业基础以及少数带动性强的厂商，都可能是催生产业集群的种子；另外，机遇条件、地方政府投资和区域外来投资也会激发产业集群的产生。产业集群成长期是集群规模迅速扩大，形成产业链的阶段。此时大量企业衍生或进入，集群专业化分工深化、生产灵活性增强、创新活力激发、支撑机构和辅助部门繁荣，集群的自我强化机制推动产业集群规模不断扩张、区域经济迅速增长。产业集群形成竞争优势通常需要10年甚至更长的时间。产业集群发展到一定程度后将进入成熟期，此阶段集群形成了整体竞争优势并带动区域经济稳定增长。一个成功的产业集群甚至可为区域经济带来数十年的繁荣。最后，产业集群将不可避免地从顶峰开始出现下降趋势。一种可能是由于集群的外部威胁及内部僵化导致集群失去竞争力最终解体衰亡；另一种可能就是集群进入转换期，新企业的加入、新技术的应用、新市场的出现等使产业集群的活力得以逐渐复苏，区域经济出现新的增长，集群又开始进入新的生命周期。

三、产业集群理论的主要理论

产业集群理论源于 100 多年前英国著名经济学家乔治·卡特利特·马歇尔对产业区的分析。其后，随着以标准化产品和大规模生产为特征的福特主义的兴起，特别是"二战"以后大企业地位的上升，产业集群理论一直游离于主流经济学之外，直到 20 世纪 80 年代，产业集群的理论研究才再次复兴。下面简要介绍产业集群研究的代表性观点。

（一）外部经济[1]论

19 世纪末 20 世纪初，英国还处于工业化进程之中，马歇尔基于对英国工业生产地理集中现象的观察，创新性地提出了"产业区"的概念。在马歇尔定义的产业区中，区内主要是中小企业，这些企业集中对特定产品的某一环节进行专业化生产，企业间形成分工协作关系。马歇尔在 1890 年出版的《经济学原理》一书中把产业区定义为"一种由历史与自然共同限定的区域中的中小企业积极地相互作用的企业群与社会的趋向融合"。在马歇尔看来，产业区作为与大企业相对应的产业组织模式，是大量同一产业类型的中小企业的地理集中，这种集中同样能够获得大规模生产的许多好处，并且这种地方产业系统与当地社会具有强烈的不可分割性。

马歇尔认为，外部经济对工业生产地理集中起到了至关重要的作用。首先是能得到专业化的投入品和服务。企业集中提供了足够大的需求市场，支持了各领域专业供应商的生存发展；反过来，这些专业化的供应和服务也使集群内企业拥有了更低的生产成本和更高的生产效率。其次是可以培育出共享的劳动力市场。厂商的集中吸引了大量的劳动力，企业会较少面临劳动力短缺问题，而劳动力也会较少面临失业。最后是有助于技术外溢。当同行业中许多厂商集中在一个地区时，意味着会出现更多的正式和非正式的技术扩散渠道，专业技术人才在集群内企业的流动，给企业带来模仿和学习对手长处的机会。马歇尔还强调产业与地方社会的不可分割性，并认为正是地方社会形成的社会规范和价值，对创新和经济协调起到了关键作用。

（二）新产业区理论

20 世纪 70 年代，意大利学者阿纳尔多·巴格纳斯科在研究中发现，意大利的区域经济格局发生了明显变化，中部和东北部的发展要优于其他地区。他把这一发展较好的地区称为第三意大利，并指出这一地区与当年马歇尔提出的产业区很相似，都具有中小企业地理集中以及部门专业化特征。据此，巴格纳斯科（1977）在马歇

---

1 此处的外部经济，指的是由产业环境或一群企业的活动所产生的利益。

尔产业区理论的基础上，首次提出了"新产业区"的概念，即"新产业区是具有共同社会背景的人们和企业在一定自然区域上形成的社会地域生产综合体"，新产业区的发展得益于本地劳动分工基础上实现的经济外部性以及当地社会文化背景支持下企业之间的协同。意大利学者对新产业区的研究很快引起了欧美学者的注意，并不断发展和丰富了新产业区理论，有力地促进了产业集群理论的复兴。新产业区的成功有以下几个主要原因：其一，新技术的引入使得生产柔性化。相关信息技术可以更快、更准确地转换设计规格和机器设置，降低了资产专用性，提高了资产灵活性，而生产的灵活性带来了柔性专业化生产方式，企业能够根据顾客需要生产各种规格的产品。其二，集聚促进了劳动分工。集群内企业间协作程度高，专业化程度强，使不同企业可以专业化从事产品价值链上某个环节，并提供给其他企业，如一些小企业因规模小而无法生产所有的部件，但可以通过集群内的其他企业弥补这一不足。其三，集群内的企业可以通过合作和共同行动获取"集体效率"。集体效率来源于外部经济和共同行动，每个企业都受益于集体效率。更重要的是，集群化使得企业自我组织并提供服务。单个企业可能因规模太小，无法提供某些关键资源，有意识的联合行动所带来的优势可以解决这类问题。集体效率有主动和被动之分。主动集体效率是指生产和分配上的联合行动，被动集体效率则源于竞争市场上的企业合作。随着竞争加剧，被动集体效率已无法满足现实需求，企业必须进行转型和调整，寻求主动集体效率来增强竞争力。

（三）新经济地理学理论[1]

20 世纪 90 年代，以保罗·克鲁格曼为代表的新经济地理学理论为产业集聚的产生提供了很好的解释。克鲁格曼以规模报酬递增、不完全竞争的市场结构为假设前提，在 D-S 垄断竞争模型的基础上，提出了产业集群形成的原因。一是市场需求。企业一般会选择在有大量市场需求的地方落户，因为规模经济会带来收益的增长，企业都倾向于从这个起始点向其他地方供货。生产者也愿意将工厂设立在需求量大且运输方便的区位，从而降低运输费用。二是外部经济。劳动力市场共享、专业技术投入以及服务、知识和信息的流动成为外部经济的来源，是产业空间集的向心力。其中劳动力市场共享是外部经济的最主要来源。三是产业地方化、地方产业化。克鲁格曼认为，产业集聚并不是在任何情况下都能产生的，最初的产业集聚可能只是历史的偶然结果，而一旦形成专业化格局，这一格局就会由于累积循环的自我实现机制而被锁定。初始的优势因"路径依赖"而被放大，从而产生"锁定"效应，

---

1 孟叶，吴浩波 . 新经济地理学理论前沿评述 [J]. 河北经贸大学学报，2023，44（2）：64-77.

所以集聚的产业和集聚的区位都具有"历史依赖性"。生产活动倾向于集聚在市场大的地方，而市场因为生产活动的集聚进一步扩大。克鲁格曼强调，密切的经济联系是产生产业集群的主要原因，他认为技术外溢是产生产业集群的次要因素，因为低技术产业也能形成集群。

（四）集聚竞争优势理论

为了探讨获得国家竞争优势的原因，1986年迈克尔·波特组建了一个由30多个国家的研究者参加的研究团队，用了4年的时间对丹麦、德国、意大利、日本、韩国、新加坡、瑞典、瑞士、英国和美国等10多个重要贸易国进行调查研究，在此基础上形成了著名的国家竞争优势理论。波特在1990年出版的《国家竞争优势》一书中，提出经典的"钻石模型"，其构架由四个基本要素和两个附加要素组成[1]。一是生产要素，一个国家在特定产业竞争中相关方面的表现；二是需求条件，本国市场对该项产业所提供的产品或服务的需求程度；三是相关与支持性产业；四是企业的战略、结构和竞争对手，企业在一个国家的基础、组织和管理形态，以及国内竞争对手的表现。两个附加要素分别是机会和政府。

波特认为，"钻石模型"是一个动态系统，只有在各个要素都积极参与的情况下，才能创造出企业发展的环境，进而促进企业投资和创新。波特强调，地理集中可以使四个基本要素整合成一个整体，彼此之间更容易相互作用和协调提高，从而形成产业竞争优势，因此地理集中是必要条件。据此，波特首次正式提出了产业集群的概念，他将产业集群定义为"在某个特定区域下的一个特别领域，存在着一群相互关联的公司、供应商、关联产业和专门化的制度和协会"。其中，波特强调了产业集群的"相互关联"这一特性，界定了产业集群与传统产业集聚（以成本最小化为核心）的区别。

关于产业集群与竞争优势的关系，波特的研究指出，国家竞争优势获得的关键，是在国内若干区域形成有竞争力的产业集群。产业集群可以从三个方面促进竞争优势的形成：首先，集群增加了专业化投入品的需求和供给，技术、市场信息和专业化知识在集群内的传播和积累促进了产品互补和联合营销，从而提高集群企业或产业的生产率，并给集群外竞争者带来强大的激励效应。其次，集群使创新机会更加可视化，企业之间可近距离观察模仿，学习新知识、新技术、新产品和新的管理方式，从而降低创新成本，增强企业快速反应能力，企业能更加灵活地将创新机会转化为运营和战略优势，整体提高了集群内企业的持续创新能力，并使之成为创新中心。

---

1 舒辉.技术创新、专利、标准的协同转化研究[M].北京：企业管理出版社，2021：71-73.

最后，集群提供了丰富的资产、技术、投入和劳动力，从而降低新企业进入的门槛，不断促进新企业的产生和集群规模的扩大。因此，有竞争力的集群是区域经济长期增长和繁荣的源泉。

四、产业集群理论对深圳海洋运动产业发展的作用

（一）促进产业空间集聚

1. 提升空间集聚性

产业集群理论强调大量产业联系密切的企业以及相关支撑机构在空间上集聚，形成强劲、持续竞争优势的现象。深圳海洋运动产业可以通过产业集群的方式，在特定地理区域内聚集相关企业，形成规模效应和范围经济。

2. 优化产业布局

深圳可以借鉴产业集群理论，合理规划海洋运动产业的空间布局，打造海洋运动产业园区或基地，吸引相关企业入驻，形成产业集聚效应。

（二）增强产业关联性

1. 产业链协同发展

产业集群内部的企业之间往往存在紧密的产业联系，通过上下游产业链的协同发展，可以降低交易成本，提高生产效率。深圳海洋运动产业可以依托产业集群，加强产业链上下游企业的合作，共同推动产业发展。

2. 资源共享与互补

产业集群内部的企业可以共享资源，如研发资源、市场资源、人才资源等，实现优势互补，提高整体竞争力。深圳海洋运动产业可以通过产业集群，实现资源共享和优势互补，推动产业创新和发展。

（三）提升产业创新能力

1. 创新环境营造

产业集群内部的企业之间可以相互学习、交流和合作，形成良好的创新环境。深圳海洋运动产业可以通过产业集群，构建创新生态系统，激发企业创新活力，推动产业技术创新和模式创新。

2. 创新平台搭建

深圳可以依托产业集群，搭建海洋运动产业创新平台，如技术创新中心、研发

中心等，为企业提供创新支持和服务，推动产业技术创新和成果转化。

（四）推动产业升级，培育新兴产业

1. 产业升级

产业集群可以推动产业向高端化、智能化、绿色化方向发展。深圳海洋运动产业可以通过产业集群，推动产业升级和转型，提高产业附加值和市场竞争力。

2. 培育新兴产业

产业集群可以培育新的产业增长点，推动产业多元化发展。深圳海洋运动产业可以通过产业集群，培育新的海洋运动项目和产业形态，拓展产业发展空间。

第四节 可持续发展理论

一、可持续发展的定义与内涵

20世纪80年代，可持续发展概念一经提出，便引起全球范围的广泛关注和重视。1980年，世界自然保护联盟（IUCN）在《世界自然资源保护大纲》中最早提出了可持续发展概念。1987年，世界环境与发展委员会进一步阐述了可持续发展的概念，将环境保护视为与经济发展同等重要的战略目标。

各国际组织及专家、学者从不同角度对可持续发展的概念进行了概括，归纳起来，主要有以下几种：①从自然属性定义。寻求一种最佳的生态系统以支持生态完整性，以不超越环境系统更新能力的发展。②从社会属性定义。在生存不超出维持生态系统承载能力的情况下，改善人类的社会生活品质。③从经济属性定义。经济发展是在不降低环境质量和不破坏世界自然资源基础上的经济发展。④从科技属性定义。用更清洁、更有效的技术，尽量减少能源及其他自然资源的消耗，尽量减少污染，以保护环境质量，建立极少产生废料和污染物的工艺和技术系统。

可持续发展理论的基本观点包括以下几种：①生存观认为，人类首先是保证生存，然后才是发展。发展就是扩大人类生存空间，改善人类生存条件和质量。人类既要保证现有生存基础免遭破坏，又要促进经济持续发展。②协调观认为，人类应与自然界和谐共生，社会经济发展应保证资源节约和环境友好，经济发展应与环境保护协调发展。③资源观认为，资源应可持续利用，既要保证当代人生存和发展需求，又要为后代人创造生存和发展条件；既要考虑资源均衡分配，又要解决资源浪费问题。

二、可持续发展的特征

可持续发展主要有经济可持续发展、生态可持续发展和社会可持续发展三个方面。这三个方面既相互关联又彼此促进。不能只谋求经济可持续发展，这样势必不顾生态环境，导致生态环境受到损害，最终影响经济发展；单纯只讲生态可持续发展，经济得不到发展，生态环境也很难治理。经济和生态的可持续发展，都是为了社会的可持续发展。三者必须统筹综合考虑，生态可持续发展是前提，经济可持续发展是基础，社会可持续发展是目标。可持续发展旨在实现人与自然和谐共生的终极目标。

（一）经济可持续发展

经济的持续发展是人类生存和发展的动力。只有实现经济可持续发展，才能带动人类社会可持续发展。经济可持续发展一方面是经济的持续稳定增长，另一方面是经济增长方式更加注重节约各类资源，更加注重各类资源的可循环和再利用，更加注重实施清洁生产，更加注重绿色消费。

（二）生态可持续发展

生态可持续发展在注重经济增长的同时，更加关注自然环境的保护与发展。生态可持续发展以保护自然环境为前提，注重自然资源的合理开发和循环利用，注重环境对经济发展的承载限度，致力于在推动经济发展的同时，强化环境保护和改善生态系统，保护生物多样性，维护生态系统的完整性，并充分利用再生资源，以实现生态可持续发展。

（三）社会可持续发展

社会可持续发展旨在追求人类社会的不断进步，它是人类为了优质的生活和进步而不断追求的目标。社会可持续发展意味着不断改善人类生活质量，增进人类健康水平，并构建一个有利于人类生存与发展的和谐社会环境。

三、可持续发展理论的代表性观点

从总体来看，由于可持续发展理论具有经济、自然、科技、社会等多种属性，通过不同属性能够赋予其不同内涵、定义和应用范围。目前，在可持续发展理论中，有 4 种代表性观点。

第一种观点源自格罗·哈莱姆·布伦特兰，主张在满足当代人需求的同时，又不损害子孙后代满足其需求能力的发展[1]。该观点提倡在满足当前人类社会合理发展需要的前提下，对资源进行开发利用，从而实现人类社会长远发展。第二种是生态系统观点，由世界自然保护联盟等国际组织提出，即在生存不超出维持生态系统能力的情况下，改善人类生活品质[2]，这种观点要求在保障环境生态系统自我修复能力的前提下，对资源进行有序开发，形成经济发展与自然环境承载的协调关系。第三种是社会进步观点，即把经济增长和社会进步看作整体的、持久的发展过程，体现人类的一种运动或状态[3]，以动态视角，把握人类社会发展的规律，从全局角度，考虑人类与自然的关系。第四种是综合效益观点，即在从自然资源中不断得到服务的情况下，使经济增长净利润最大化和环境污染最小化[4]，这种观点主张以最小的资源消耗，获取最大的经济利益，将对环境的破坏和消极影响降到最低。在可持续发展理论中，布伦特兰的观点最权威且流传较广泛。

可持续发展反映了人们对于社会发展的思考，其核心在于保护自然环境，这既是时代发展的产物，也是人类实现长远发展的必然选择。深圳海洋经济的高质量发展应当以可持续为基础，以保护生态资源环境为原则，通过社会、经济、生态的相互协调来实现。坚持以可持续发展理论为指导，实现经济与环境的协调发展，以可持续发展的方式促进海洋经济高质量发展，从而促进深圳海洋经济的绿色发展。

四、可持续发展理论对深圳海洋运动产业的作用

（一）指导产业绿色发展

1. 生态保护与资源节约

可持续发展理论强调，在经济发展的同时，必须保护生态环境和节约资源。深圳海洋运动产业在发展过程中，需要遵循这一原则，确保海洋生态环境的可持续性和资源的合理利用。例如，深圳在发展帆船、赛艇等海上运动项目时，应注重海洋环境的保护，避免对海洋生态造成破坏；同时，应合理规划和利用海域资源，确保资源的可持续利用。

---

1 戴云菲. 可持续发展理论文献综述 [J]. 商，2016（13）：111.

2 邹统钎，高中，钟林生. 旅游学术思想流派 [M]. 天津：南开大学出版社，2008：119.

3 孙继荣. 可持续发展战略方法论 [M]. 北京：中国经济出版社，2023：73.

4 郎铁柱. 低碳经济与可持续发展 [M]. 天津：天津大学出版社，2015：95-96.

2. 低碳环保理念

可持续发展理论倡导低碳环保的生活方式。深圳海洋运动产业可以积极推广低碳环保的海洋运动方式，如使用环保材料制造的运动器材、推广绿色出行等，以减少对环境的负面影响。

（二）推动产业创新升级

1. 技术创新

可持续发展理论鼓励技术创新，以提高资源利用效率和减少环境污染。深圳海洋运动产业可以通过技术创新，研发更加环保、高效的运动器材和装备，提高运动项目的吸引力和竞争力。例如，深圳可以加强与国际先进企业的合作与交流，学习和引进先进的海洋运动技术和管理经验，推动本土企业的技术升级和产品创新。

2. 模式创新

深圳海洋运动产业可以借鉴可持续发展理论中的循环经济、绿色经济等模式，探索符合自身特点的可持续发展模式。例如，深圳可以推动海洋运动产业链的延伸和拓展，形成集运动器材制造、赛事运营、旅游观光、教育培训等为一体的综合性产业链。同时，深圳还可以加强海洋运动产业与其他产业的融合与协作，如与旅游业、文化业等相结合，打造具有特色的海洋运动旅游产品。

（三）促进产业可持续发展

1. 长期规划

可持续发展理论要求制定长期、稳定的发展规划。深圳海洋运动产业需要制定科学合理的发展规划，明确发展目标、发展路径和发展重点，确保产业的可持续发展。例如，深圳可以制定海洋运动产业发展专项规划，明确各阶段的发展目标和任务；同时，可以加强与其他相关规划的衔接与协调，形成合力推动产业的发展。

2. 公众参与与教育

可持续发展理论强调公众的参与和教育。深圳海洋运动产业可以通过开展海洋运动文化推广活动、加强海洋环保教育等方式，提高公众对海洋运动和海洋环保的认识和参与度。例如，深圳可以通过举办海洋运动文化节、海洋环保知识讲座等活动，吸引更多的公众关注和参与海洋运动和海洋环保行动；同时，可以加强学校海洋知识教育，培养青少年的海洋意识和环保意识。

（四）提升产业竞争力

1. 品牌建设与市场推广

可持续发展理论要求企业注重品牌建设和市场推广。深圳海洋运动产业可以通过加强品牌建设、拓展市场渠道等方式，提升产业的竞争力和影响力。例如，深圳可以打造具有影响力的海洋运动赛事品牌，如中国杯帆船赛等；同时，可以加强与国际知名赛事的合作与交流，提高深圳海洋运动产业的国际知名度和影响力。

2. 政策支持与保障

可持续发展理论需要政府提供必要的政策支持和保障。深圳市政府可以出台一系列政策措施，如财政补贴、税收优惠、土地供应等，支持海洋运动产业的发展。同时，政府可以加强监管和管理，规范市场秩序和竞争行为，为海洋运动产业的健康发展提供有力保障。

第三章 深圳海洋运动产业的市场现状

分析市场现状是理解和推动产业发展的基础。本章将深入分析深圳海洋运动产业的市场需求、消费者、市场竞争以及市场拓展策略。通过对市场需求的细致调查和对消费者行为的研究，揭示深圳海洋运动产业的潜在市场和消费趋势。同时，本章还将通过市场竞争分析，探讨产业中存在的竞争态势与挑战，并提出针对性的市场拓展策略，为产业发展提供可操作性的建议和策略支持。

第一节 市场需求

一、市场需求概述

（一）需求增长背景

近年来，深圳作为中国经济特区的典范，其国民经济发展持续保持强劲势头，人均 GDP 稳步增长，居民收入水平不断提高。这一经济繁荣的背景为水上休闲运动市场的蓬勃发展奠定了坚实的基础。随着居民可支配收入的增加，人们对于生活品质的追求也日益提升，水上运动以其独特的魅力成为许多人休闲娱乐的新选择。

国家政策的支持也是推动水上运动需求增长的重要因素。近年来，国家体育总局及各级地方政府陆续出台了一系列旨在促进体育产业发展的政策措施，特别是对水上运动等特色体育项目给予了重点扶持。这些政策不仅为水上运动产业的发展提供了资金支持和税收优惠，还通过举办各类赛事活动、建设相关基础设施等方式，进一步激发了市场的活力和潜力。

与此同时，公众健康意识的提升也是推动水上运动需求增长的关键因素。随着生活节奏的加快和工作压力的增大，人们越来越意识到保持身体健康的重要性。水上运动以其低冲击性、高趣味性和良好的健身效果，成为许多人锻炼身体的首选方式。特别是在深圳这样气候温暖、水资源丰沛的城市，水上运动更是受到了广大市民的青睐。

（二）市场需求特点

当前，深圳水上运动市场需求呈现出多样化的特点。

一方面，水上运动逐渐成为年轻人群体的潮流运动选择。年轻人渴望刺激、挑战和个性表达，水上运动以其独特的魅力和挑战性满足了他们的需求。无论是赛艇的竞速激情，还是潜水的神秘探索，抑或帆船的优雅航行，都吸引了大量年轻人的关注和参与。

另一方面，随着中老年人健康意识的提高和生活方式的转变，他们也逐渐成为水上运动市场的主要消费群体。中老年人更加注重身体的保养和锻炼效果，水上运动以其低冲击性和良好的健身效果成为他们的理想选择。一些水上运动项目，如多人皮划艇、龙舟等，还具有较强的团队合作和社交属性，能够满足中老年人社交和娱乐的需求。

二、市场细分

（一）年龄细分

在年龄细分方面，深圳水上运动市场可以划分为年轻人市场和中老年人市场两大主要板块。年轻人市场以 18 ~ 35 岁的年轻人为主要消费群体，他们具有较高的消费能力和较强的消费意愿，是水上运动市场的主要推动力量。这部分人群对新鲜事物充满好奇和热情，喜欢追求刺激和挑战，因此更倾向于选择具有竞技性和挑战性的水上运动项目，如赛艇、冲浪等。

中老年人市场则以 36 岁以上的中老年人为主要消费群体。他们虽然消费能力相对较弱但消费稳定性较强，对水上运动的需求主要集中在健身和社交方面。中老年人更加注重身体的保养和锻炼效果，因此更倾向于选择低冲击性、高安全性的水上运动项目，如多人皮划艇、龙舟等。此外，中老年人还具有较强的社交需求，他们希望通过参与水上运动结识新朋友，拓展社交圈子。

（二）项目细分

在项目细分方面，深圳水上运动市场涵盖了多种不同类型的项目，包括赛艇、潜水、帆船、冲浪等。这些项目各具特色，满足了不同消费者的多样化需求。

赛艇作为水上运动中的传统项目之一，以其竞速性和团队合作性深受年轻人喜爱。近年来，随着国内外赛艇赛事的频繁举办和赛艇文化的普及推广，深圳赛艇运动市场呈现出快速增长的趋势。越来越多的年轻人加入赛艇运动，不仅锻炼了身体，还培养了团队精神和竞争意识。

潜水项目以其神秘性和探索性吸引了大量爱好者的关注。深圳周边海域拥有丰富的海洋资源和独特的海底景观，为潜水运动提供了良好条件。许多潜水爱好者通过潜水活动领略了海底世界的奇妙和美丽，同时也促进了潜水运动市场的繁荣发展。

帆船运动以其优雅性和挑战性赢得了广大消费者的喜爱。深圳作为中国南方重要的帆船运动基地之一，拥有完善的帆船设施和专业的教练团队，为帆船运动的发展提供了有力保障。越来越多的市民加入帆船运动，感受海风拂面、船帆飘飘的惬意和自在。

冲浪项目以其刺激性和挑战性吸引了大量年轻人的关注和参与。随着冲浪文化的兴起和冲浪赛事的频繁举办，深圳的冲浪运动市场也开始崭露头角。许多年轻人通过参与冲浪活动释放压力、挑战自我，并结识了许多志趣相投的朋友。

三、需求驱动因素

（一）经济发展

经济发展是推动水上运动需求增长的根本动力。随着深圳经济的持续增长和居民收入水平的不断提高，人们的消费能力和消费意愿也在不断增强。水上运动作为一种高品质、高消费的休闲娱乐方式，逐渐受到越来越多人的青睐。特别是在节假日和周末等休闲时段，水上运动场馆和景区常常人满为患，供不应求。

（二）政策支持

政策支持是推动水上运动产业发展的重要保障。近年来，国家及地方政府陆续出台了一系列促进体育产业发展的政策措施，特别是针对水上运动等特色体育项目给予了重点扶持。这些政策不仅为水上运动产业的发展提供了资金支持和税收优惠，还通过举办各类赛事活动、建设基础设施等方式，进一步激发了市场的活力和潜力。此外，政府还积极引导社会资本进入水上运动产业领域，推动产业向规模化、专业化方向发展。

（三）健康意识

人们健康意识的提升是推动水上运动需求增长的关键因素之一。随着生活节奏的加快和工作压力的增大，人们越来越意识到保持身体健康的重要性。水上运动以其独特的优势，成为许多人追求健康生活的首选。与传统的健身方式相比，水上运动不仅能够有效锻炼身体的各项机能，如心肺功能、肌肉力量和柔韧性，还能在运动中给人带来愉悦和放松的感觉，减轻精神压力。

在深圳，随着健康观念的深入人心，越来越多的人开始关注并参与水上运动。他们通过潜水探索海底世界的奥秘，感受大自然的壮丽；通过赛艇和帆船，体验团队合作与竞技的乐趣；通过冲浪，挑战自我，释放内心的激情。这些活动不仅丰富了人们的业余生活，还促进了人们身心健康的全面发展。

随着社交媒体和互联网的普及，水上运动的魅力也被广泛传播。许多水上运动爱好者通过分享自己的运动经历和感受，吸引了更多人的关注和参与。这种口碑效应进一步推动了水上运动市场的繁荣和发展。

四、需求预测

（一）市场规模预测

展望未来，深圳海洋运动产业的市场规模有望继续保持快速增长的态势。随着国民经济的持续发展和居民收入水平的提高，人们的消费能力将进一步增强，对高品质、高消费的水上运动项目的需求也将不断增长。同时，政府政策的持续支持和产业链的不断完善，也将为水上运动市场的发展提供有力保障。

未来几年内，深圳海洋运动产业的市场规模有望实现快速发展。特别是在赛艇、潜水、帆船等热门项目上，市场规模的增长速度将更加显著。此外，随着新兴水上运动项目的不断涌现和市场的不断细分，整个海洋运动产业的市场规模还将进一步扩大。

（二）需求结构变化

在需求结构方面，随着消费者需求的多样化和个性化趋势的加强，不同水上运动项目之间的需求结构也将发生一定变化。一方面，传统热门项目如赛艇、潜水、帆船等将继续保持其市场主导地位，尽管其增长速度可能会逐渐放缓；另一方面，一些新兴水上运动项目，如冲浪、皮划艇、站立式桨板等将逐渐崛起，成为市场的新宠。

随着中老年人群体的不断扩大和健康意识的提高，中老年市场对于水上运动的需求也将逐渐增加。这部分人群更加注重运动的安全性和健身效果，因此一些低冲击性、高安全性的水上运动项目将更受他们欢迎。同时，中老年人群体的消费能力和消费稳定性也为水上运动市场的发展提供了重要支撑。

综上所述，深圳海洋运动产业市场需求呈现多样化、个性化和快速增长的特点。随着国民经济的发展、政策支持的加强以及消费者健康意识的提升，该产业的市场规模将不断扩大，需求结构也将不断优化。未来，深圳海洋运动产业将继续保持快速发展的态势，成为体育产业中的重要组成部分。

第二节 消费者行为

在深入探索深圳海洋运动产业的市场潜力时，对消费者行为的细致研究是非常必要的。通过构建消费者画像，我们能够更好地理解目标市场的需求和偏好，从而制定更加精准的市场策略。

一、消费者画像

（一）年龄、性别分布

深圳海洋运动产业的消费者群体呈现多元化特征，其中年龄和性别分布是构成这一多样性的重要维度。从年龄结构来看，年轻人无疑是市场的主力军。他们追求新鲜刺激、乐于尝试新事物，对水上运动充满了好奇和热情。这一群体不仅消费能力强，而且愿意为体验、挑战买单，是赛艇、潜水、冲浪等高风险、高挑战性项目的忠实拥趸。

与此同时，中老年人市场也不容忽视。随着健康意识的提升和生活方式的转变，越来越多的中老年人开始关注水上运动。他们更倾向于选择低冲击性、高安全性的项目，如皮划艇、龙舟等。这些项目既能满足他们的健身需求，又能为他们提供社交互动的机会。此外，中老年消费者通常具有较高的消费稳定性，对品牌的忠诚度也较高，是海洋运动产业中不可忽视的潜力市场。

在性别分布上，深圳海洋运动产业的消费者呈现出相对均衡的特点。虽然在传统上，男性消费者在水上运动领域占据主导地位，但近年来女性消费者的比例也在逐渐上升。随着女性社会地位的提高和消费能力的提升，她们对健康和品质生活的追求也日益增强。许多女性开始尝试并喜爱上了潜水、帆板等水上运动，这些项目不仅有助于塑造身材，还能带来独特的身心体验。

（二）兴趣爱好

消费者的兴趣爱好是驱动其参与水上运动的重要因素之一。在深圳，不同的水上运动项目因其独特的魅力和挑战性吸引了不同兴趣爱好的消费者。例如，赛艇以其竞速性和团队合作性吸引了大量热爱竞技、追求刺激的年轻人；潜水以其神秘性和探索性吸引了喜欢冒险、对海洋世界充满好奇的消费者；帆船运动则以其优雅性和挑战性赢得了追求品质生活、享受海风拂面的消费者的青睐。

消费者的兴趣爱好还与其个人经历和生活环境密切相关。一些在海边长大的消费者，从小就对水上运动有着深厚的感情和熟练的技能；一些在都市中生活的消费者，则通过参与水上运动来寻求与自然的亲近和心灵的释放。这种多元化的兴趣爱好使深圳海洋运动产业的市场需求更加丰富多彩。

（三）消费能力

消费能力是衡量消费者对水上运动投入情况的重要指标。在深圳这样的经济特区，居民的收入水平普遍较高，消费能力也相对较强。在深圳海洋运动的消费者中，中等消费能力的消费者占据了市场的半壁江山，但高消费能力的消费者也不容忽视，他们为高端产品和服务提供了市场。这为水上运动产业的发展提供了有力的支撑。

不同消费者对水上运动的投入情况存在显著差异。一方面，年轻消费者由于消费观念较为前卫、消费意愿较强，往往愿意在水上运动上投入更多的资金。他们不仅购买专业的装备和器材，还积极参与各类培训和赛事活动，以提升自己的技能水平和竞技实力。这种高投入不仅促进了个人成长和社交互动，也为水上运动产业的发展注入了源源不断的活力。另一方面，中老年消费者虽然消费稳定性较高，但在水上运动上的投入相对较为保守。他们更注重性价比和实用性，更倾向于选择性价比高的产品和服务。然而，随着健康意识的提升和生活水平的提高，中老年消费者在水上运动上的投入也在逐渐增加。他们开始关注更高端、更专业的产品和服务，以满足自己日益增长的健身和社交需求。

不同年龄、性别、兴趣爱好和消费能力的消费者共同构成了这一市场的庞大需求群体。通过深入了解这些消费者的需求和偏好，企业可以制定更加精准的市场策略和产品定位，以满足市场的多元化需求，并推动产业的持续发展。

二、消费动机

消费动机不仅驱动着消费者参与水上运动，还影响着他们的消费决策和行为模式。

（一）健康需求

当今社会，随着生活节奏的加快和工作压力的增大，人们对健康的关注度日益提升。水上运动以其独特的优势，成为许多人追求健康生活的理想选择。在深圳，这一趋势尤为明显。

首先，水上运动能够全面锻炼人体的各项机能。不同于陆地上的运动，水上运动要求身体在水中保持平衡，这不仅能够增强肌肉力量、提高心肺功能，还能有效锻炼身体的柔韧性和协调性。例如，赛艇运动通过划桨动作，能够全面锻炼上肢、腰部和下肢的肌肉群，同时提高心肺耐力；潜水运动要求潜水者在水下进行呼吸控制、身体平衡等训练，有助于提升身体的整体素质和适应能力。

其次，水上运动对身体的冲击性较小，适合各年龄段人群参与。特别是对于中老年人和有运动损伤史的人群来说，水上运动能够减少关节和骨骼的负担，降低运动伤害的风险。在深圳的许多水上运动俱乐部和培训机构中，我们可以看到不同年龄段的消费者积极参与其中，享受水上运动带来的益处。

此外，水上运动还能带来心理上的放松和愉悦。在忙碌的都市生活中，人们往往面临着巨大的心理压力和焦虑情绪。而水上运动则提供了一个远离喧嚣、亲近自然的环境，让人们在运动中释放压力、放松心情。例如，在广阔的海面上驾驶帆船，或是潜入海底探索神秘的世界，都能让人忘却烦恼、享受宁静与自由。

（二）社交需求

除了健康需求外，社交需求也是驱动消费者参与水上运动的重要因素之一。在深圳这座快节奏的城市中，人们常常感到孤独和疏离。而水上运动则提供了一个良好的社交平台，让人们有机会结识志趣相投的朋友，拓展社交圈子。

第一，水上运动具有很强的团队合作性。无论是多人赛艇还是龙舟等项目，都需要团队成员之间的密切配合和协作才能取得好成绩。这种团队合作不仅增强了成员之间的信任和默契，还促进了彼此之间的交流和沟通。在共同的目标和努力下，人们能够建立起深厚的友谊和团队精神。

第二，水上运动俱乐部和培训机构也是社交的重要场所。这些机构通常会组织各种活动和比赛，为消费者提供展示自我、交流经验的机会。在参与这些活动的过程中，消费者可以结识来自不同领域、不同背景的朋友，拓展自己的社交圈子。同时，这些机构还会定期举办聚会、晚宴等活动，进一步加深成员之间的友谊和联系。

第三，社交媒体和互联网的普及为水上运动的社交功能提供了有力支持。许多消费者会通过社交媒体分享自己的运动经历和感受，吸引更多人的关注和参与。这种口碑效应不仅提升了水上运动的知名度和影响力，还促进了消费者之间的互动和交流。

（三）休闲娱乐

随着生活水平的提高和消费观念的转变，休闲娱乐已成为现代人生活中不可或缺的一部分。而水上运动以其独特的魅力和趣味性，成为许多人休闲娱乐的主要方式之一。

第一，水上运动具有极高的趣味性和挑战性。无论是冲浪、滑水还是帆板等项目，都需要消费者具备一定的技能和勇气才能完成。这种挑战性和刺激性不仅能够激发消费者的兴趣和热情，还能带来强烈的成就感和满足感。在参与这些项目的过程中，消费者可以尽情释放自己的激情和活力，享受运动带来的乐趣和快感。

第二，水上运动提供了一种全新的休闲方式。与传统的休闲娱乐方式相比，水上运动更加贴近自然、更加健康环保。在蓝天白云下、碧波荡漾中畅游或竞技，不仅能够让人忘却烦恼、放松心情，还能让人感受到大自然的美丽和神奇。这种独特的休闲体验让水上运动成为现代人追求高品质生活的主要选择之一。

第三，水上运动具有很高的观赏性和参与性。在海滩或湖畔观看一场精彩的帆船比赛或冲浪表演，不仅能够让人感受到运动的魅力和激情，还能激发自己参与其中的欲望和动力。同时，许多水上运动项目还提供了亲子互动和家庭娱乐的机会，让家庭成员在共同参与的过程中增进感情、享受亲子时光。

随着消费者对休闲娱乐品质要求的不断提高和多元化需求的不断增加，水上运动将以其独特的魅力和趣味性吸引更多消费者的关注和参与。同时，这也为海洋运动产业的发展提供了广阔的市场空间和无限的发展机遇。

三、购买行为

（一）购买渠道

随着数字化时代的到来，深圳海洋运动产业的消费者在购买水上运动装备及服务时，拥有了更加多元和便捷的渠道选择。这些渠道各具特色，满足了不同消费者的需求和偏好。

第一，线下实体店是消费者购买水上运动装备的传统渠道。在深圳，各大购物中心、体育用品店以及专业的水上运动俱乐部都设有销售点，消费者可以亲自试穿、试用装备，感受产品的舒适度和性能。此外，实体店还能提供专业的咨询和服务，帮助消费者更好地了解产品特性和使用方法。然而，线下渠道也存在一定的局限性，如店面覆盖范围有限、产品种类可能不够齐全等。

第二，线上电商平台成为近年来消费者购买水上运动装备的重要渠道。淘宝、京东电商平台汇聚了众多品牌和商家，为消费者提供了丰富的产品选择和便捷的购物体验。消费者只需轻点鼠标或滑动屏幕，就能浏览各种类型、各种价位的水上运动装备，并通过在线支付完成购买。线上渠道的优势在于价格透明、选择多样、购物便捷，但同时也存在无法亲身体验产品、退换货流程烦琐等问题。

第三，社交媒体和网络达人的推荐也成为消费者获取购买信息的重要渠道。在深圳的海洋运动圈中，许多知名的运动员、教练和爱好者通过微博、抖音、小红书等社交媒体平台分享自己的运动经验和装备推荐，吸引了大量粉丝的关注和追随。这些推荐往往具有较高的可信度和影响力，能够直接影响消费者的购买决策。

企业应根据自身特点和市场需求，选择合适的渠道布局和销售，以更好地满足消费者的购买需求。

（二）品牌选择

在品牌选择方面，深圳海洋运动产业的消费者展现出了较高的品牌意识和忠诚度。他们不仅关注产品的品质和性能，还注重品牌的口碑和形象。

第一，国际知名品牌凭借其强大的品牌影响力和优质的产品质量，在深圳海洋运动市场中占据了重要地位。这些品牌通常拥有悠久的历史、先进的技术和完善的售后服务体系，能够为消费者提供高品质的产品和服务体验。例如，速比涛作为全球知名的游泳装备品牌，其销售的泳衣、泳镜等产品深受消费者喜爱；美国品牌极速骑板则在冲浪、滑板等极限运动领域享有盛誉。

第二，国内本土品牌也在不断努力提升品牌形象和产品品质，逐渐赢得了消费者的认可和喜爱。这些品牌通常更加了解本土消费者的需求和偏好，能够推出更加贴近市场需求的产品和服务。例如，国内的361°、李宁等运动品牌近年来也加大了对水上运动装备的研发和推广力度，取得了一定的市场成绩。

在品牌选择过程中，消费者还会受到多种因素的影响。一方面，品牌口碑和消费者评价是消费者选择品牌的重要依据。消费者会通过社交媒体、论坛等渠道了解其他消费者的使用体验和反馈意见，从而做出更加明智的购买决策。另一方面，品牌代言人和营销活动也会对消费者的品牌选择产生一定影响。许多品牌会邀请知名运动员或明星作为代言人，通过他们的影响力和号召力吸引消费者的关注和购买。

（三）决策因素

影响深圳海洋运动产业消费者购买决策的因素众多，其中价格、品质和服务是最为关键的三个方面。

价格作为消费者购买决策中的重要考量因素之一，直接关系到消费者的购买能力和购买意愿。在深圳这座经济特区中，消费者的收入水平普遍较高，对价格的敏感度相对较低。然而，这并不意味着价格不是决定性因素。相反，合理的定价能够吸引更多消费者的关注和购买。企业应根据市场需求和竞争状况制定合理的价格策略，既要保证产品的利润空间又要满足消费者的价格预期。

品质是消费者购买决策中的核心要素之一。在水上运动装备领域，品质直接关系到消费者的使用体验和安全性。因此，消费者在选择产品时往往会更加注重产品的材质、工艺和性能等方面。企业应不断提升产品品质和技术含量以满足消费者的需求和期望。同时，企业还应建立完善的品质管理体系和售后服务体系以确保产品的稳定性和可靠性。

服务作为消费者购买决策中的重要补充因素之一，也发挥着不可忽视的作用。优质的服务能够提升消费者的购买体验和满意度，从而增强品牌忠诚度和口碑传播力。企业应注重提升售前咨询、售中指导和售后服务等方面的服务质量，以满足消费者的需求和期望。例如，企业可以设立专门的客服团队为消费者提供及时、专业的咨询和解答；在销售过程中为消费者提供个性化的推荐和搭配建议；在售后服务方面为消费者提供便捷的退换货流程和完善的维修保养服务等。

深圳海洋运动产业的消费者在购买行为上表现出较高的品牌意识和忠诚度，以及多元化的购买渠道选择。同时，价格、品质和服务等因素也直接影响着消费者的购买决策。因此，企业应深入了解消费者的需求和偏好，制定合理的营销策略和销售策略，以更好地满足市场需求并取得竞争优势。

四、消费体验

在深圳这座充满活力与创新的城市中，海洋运动产业以其独特的魅力吸引着众多消费者的目光。消费体验作为衡量产业服务质量与顾客满意度的重要指标，不仅直接关系到消费者的复购率与口碑传播，更是推动整个行业持续健康发展的关键因素。以下将从体验满意度与改进建议两个方面，深入探讨深圳海洋运动产业的消费体验。

（一）体验满意度

在深圳的海洋运动市场中，消费者的体验满意度呈现出多样化的特点，但总体而言，随着产业的不断成熟与服务的日益完善，大多数消费者对水上运动项目的体验持正面评价。

一方面，消费者对于水上运动项目的安全性与专业性给予了高度评价。深圳的海洋运动俱乐部和培训机构普遍注重安全教育与专业培训，确保每位参与者在享受运动乐趣的同时，能够掌握必要的安全知识与技能。这种对安全的严格把控，让消费者在参与水上运动时更加放心与安心，从而提升了整体的体验满意度。

另一方面，消费者对于水上运动项目的多样性与趣味性也给予了积极反馈。深圳拥有丰富的海洋资源，十分适宜发展水上运动。从传统的游泳、潜水到新兴的帆板、皮划艇等项目，多样化的选择满足了不同消费者的兴趣与需求。同时，许多俱乐部还定期举办各类比赛与活动，如海上马拉松、帆船比赛等，进一步激发了消费者的参与热情与体验乐趣。

然而，值得注意的是，尽管整体体验满意度较高，但仍有部分消费者在某些方面提出了改进意见。例如，部分消费者反映一些水上运动项目的价格偏高，超出了他们的预算；还有一些消费者认为部分俱乐部的设施与服务有待提升，如更衣室、淋浴间等基础设施的卫生状况不佳，影响了他们的消费体验。

（二）改进建议

针对消费者提出的改进意见与建议，深圳海洋运动产业可以从以下几个方面入手，进一步提升消费体验与满意度。

1. 优化价格策略

价格是影响消费者购买决策的重要因素之一。深圳海洋运动产业应充分考虑市场需求与消费者承受能力，制定合理的价格策略。一方面，该产业可以通过引入会员制度、团购优惠等方式降低消费者的单次消费成本；另一方面，该产业也可以提供不同档次的产品与服务选项，以满足不同消费者的需求与预算。

2. 提升服务质量

服务质量是消费者体验满意度的核心要素。深圳海洋运动产业应加强对从业人员的培训与管理，提升他们的专业素养与服务意识。同时，该产业还应注重设施设备的维护与更新，确保消费者在使用过程中能够享受到安全、舒适、便捷的服务体验。此外，该产业还可以通过引入智能化管理系统、提供在线预约与支付服务等手段，提升服务效率与便捷性。

3. 丰富活动形式与内容

多样化的活动形式与内容能够吸引更多消费者的关注与参与。深圳海洋运动产业可以积极策划各类比赛、表演、展览等活动，为消费者提供更多元化的体验选择。同时，该产业还可以与旅游、文化等相关产业进行跨界合作，推出联合套餐与优惠活动，进一步拓展市场影响力与吸引力。

4. 加强品牌建设

品牌建设是提升产业竞争力与影响力的关键。深圳海洋运动产业应加大对品牌的投入与推广力度，通过媒体宣传、社交媒体营销等手段提升品牌知名度与美誉度。同时，产业内各主体还应注重品牌文化的塑造与传播，让消费者更加认同与喜爱品牌所代表的理念与价值。

5. 关注消费者反馈

消费者反馈是改进服务、提升体验的重要依据。深圳海洋运动产业应建立健全的消费者反馈机制，及时收集并处理消费者的意见与建议。对于消费者提出的合理建议与需求，产业内各主体应积极采纳并付诸实施；对于存在的问题与不足，则应认真分析原因并制定切实可行的改进措施。

第三节 市场竞争

一、深圳海洋运动产业主要竞争者概况

（一）国内主要竞争者概况

1. 广州海洋运动产业

广州是广东省的省会城市，与深圳相邻，其海洋运动产业同样发展迅速。广州拥有丰富的海岸线资源和完善的港口设施，为海洋运动的发展提供了坚实的基础。在帆船、游艇、潜水等高端海洋运动领域，广州与深圳形成了直接的竞争关系。广州通过举办各类海洋运动赛事和文化活动，不断提升城市在海洋运动领域的知名度和影响力。同时，广州还积极引进国际先进的海洋运动技术和装备，提升本地海洋运动产业的竞争力。

在帆船运动方面，广州凭借优越的地理位置和气候条件，吸引了众多国内外帆船爱好者和专业选手前来参赛或训练。此外，广州还积极推动游艇产业的发展，建设了多个游艇码头和游艇俱乐部，为市民提供了丰富的海洋休闲体验。在潜水领域，广州也拥有多家专业的潜水培训机构和潜水基地，为潜水爱好者提供了专业的培训和服务。

2. 厦门海洋运动产业

厦门，作为中国东南沿海的重要城市，其海洋运动产业同样具有较强的竞争力。厦门以其优美的海滨风光和丰富的海洋资源吸引了大量游客前来体验海洋运动。在帆船、游艇、冲浪等海洋运动领域，厦门与深圳形成了良好的互补关系。厦门通过举办国际性的海洋运动赛事和节庆活动，不断提升城市在海洋运动领域的国际影响力。

在帆船运动方面，厦门积极举办知名的帆船赛事，如全国帆船冠军赛，吸引了众多选手参赛。同时，厦门还大力发展游艇产业，建设了多个游艇码头和游艇俱乐部，为市民和游客提供了优质的游艇租赁和停泊服务。此外，厦门还充分利用其独特的海岛资源，发展冲浪、潜水等海洋运动项目，丰富了海洋运动产业的内容。

3. 三亚海洋运动产业

三亚是中国著名的热带海滨旅游城市，其海洋运动产业发展较快。三亚以其清澈的海水、沙质细腻的沙滩和丰富的海洋生物资源，吸引了大量游客前来体验海洋运动的乐趣。在潜水、冲浪、帆船等海洋运动领域，三亚与深圳形成了直接的竞争关系。

在潜水方面，三亚拥有多个国际认证的潜水中心和潜水基地，提供了从初级到高级的各类潜水培训课程和潜水体验服务。三亚的海底世界丰富多彩，吸引了大量潜水爱好者前来探索。在冲浪方面，三亚的亚龙湾、蜈支洲岛等地拥有极佳的冲浪条件，成为国内外冲浪爱好者的聚集地。此外，三亚还积极发展帆船运动，举办了一系列帆船赛事和文化活动，提升了城市在海洋运动领域的知名度和美誉度。

4. 青岛海洋运动产业

青岛是深圳在海洋运动产业中的一个重要竞争者。青岛以其丰富的海洋资源和悠久的海洋文化著称，成功举办了多次国际海洋运动赛事，如青岛国际帆船周。青岛的海洋运动基础设施完善，拥有多个高标准的海洋运动场地和设施，吸引了大量国内外海洋运动爱好者。青岛市政府对海洋运动产业的发展也给予了高度重视，通过一系列政策措施促进产业发展。青岛的海洋经济总量在全国居于前列，这为其发展海洋运动产业提供了坚实的经济基础。

（二）国际主要竞争者概况

1. 澳大利亚海洋运动产业

澳大利亚是全球知名的海洋运动强国，其海洋运动产业在全球范围内具有强大的竞争力。澳大利亚拥有丰富的海洋资源和完善的海洋运动设施，海洋运动种类比较丰富。在帆船、冲浪、潜水等海洋运动领域，澳大利亚与深圳形成了直接的竞争关系。

澳大利亚的帆船运动历史悠久，承办了众多世界级的帆船赛事，拥有国际顶尖的帆船俱乐部。澳大利亚的帆船运动员在国际赛场上屡获佳绩，为国家赢得了荣誉。此外，澳大利亚还积极发展冲浪和潜水等海洋运动项目，吸引了大量国内外游客前来体验。澳大利亚的海洋运动产业不仅推动了当地经济的发展，还提升了国家在国际上的形象和地位。

2. 美国海洋运动产业

美国是全球最大的经济体，其海洋运动产业同样具有强大的竞争力。美国拥有广阔的海域和丰富的海洋资源，为海洋运动产业的发展提供了无限可能。在游艇、帆船、冲浪等海洋运动领域，美国与深圳形成了直接的竞争关系。

美国的游艇产业尤为发达，拥有众多世界级的游艇品牌和游艇制造企业。美国的游艇文化早已深入人心，游艇已成为美国社会精英和富豪们休闲娱乐的重要选择。此外，美国还积极举办各类国际性的海洋运动赛事和文化活动，吸引了全球范围内的关注和参与。这些活动不仅推动了美国海洋运动产业的发展，还提升了国家在国际上的影响力和竞争力。

二、深圳海洋运动产业市场竞争格局

（一）市场份额分布

1. 高端海洋运动市场

在高端海洋运动市场，深圳凭借其国际化的城市形象和完善的配套设施，吸引了大量高收入群体和专业运动员的关注。帆船、游艇、潜水等高端海洋运动项目在深圳具有广泛的受众基础。这些项目不仅满足了消费者对高品质生活的追求，还促进了相关产业链的发展。深圳的东部和西部海域，特别是大鹏湾和深圳湾，成为高端海洋运动项目的聚集地。众多游艇俱乐部、帆船基地和潜水中心在此设立，为市场提供了丰富的产品和服务。

在市场份额方面，高端海洋运动市场占据了深圳海洋运动产业的较大比重。这一市场不仅具有较高的消费水平和盈利能力，还带动了相关产业的协同发展。例如，游艇制造业、航海教育、海洋旅游等相关产业在深圳均得到了快速发展。

2. 大众海洋运动市场

除了高端海洋运动市场外，深圳还积极培育和发展大众海洋运动市场。冲浪、皮划艇、海钓等大众化的海洋运动项目逐渐受到市民的喜爱。这些项目门槛相对较低，适合不同年龄层和不同消费水平的消费者参与。深圳通过建设公共海滩、海洋运动公园等基础设施，为大众海洋运动提供了便利条件。

在市场份额方面，大众海洋运动市场虽然占比相对较小，但增长潜力巨大。随着市民健康意识的提高和休闲需求的增加，大众海洋运动市场有望实现快速增长。同时，这一市场的发展也将带动相关产业链的完善和升级。

3. 专业赛事与培训市场

深圳还注重发展专业赛事与培训市场。通过举办国际性的海洋运动赛事和提供专业的培训服务，深圳不断提升其在海洋运动领域的知名度和影响力。这些赛事和培训活动不仅吸引了国内外优秀运动员和教练员的参与，还促进了技术交流与合作。

在市场份额方面，专业赛事与培训市场虽然占比不高，但具有较高的附加值和品牌影响力。这一市场的发展有助于提升深圳海洋运动产业的整体水平，推动产业向高端化、专业化方向发展。

（二）竞争者定位

在深圳海洋运动产业中，竞争者众多且各具特色。这些竞争者根据自身优势和市场需求进行定位，形成了差异化的竞争格局。以下是对深圳海洋运动产业主要竞争者定位的详细分析。

1. 高端海洋运动服务提供商

高端海洋运动服务提供商是深圳海洋运动产业中的重要力量。这些企业通常拥有先进的设备、专业的团队和完善的服务体系，致力于为客户提供高品质的海洋运动体验。它们通过打造高端品牌、提供个性化服务等方式吸引目标客户群体。例如，一些游艇俱乐部和帆船基地通过引入国际知名品牌、举办高端赛事等方式提升品牌知名度和影响力；同时，它们还提供定制化的旅游服务、航海培训等增值服务，以满足客户的多元化需求。

2. 大众海洋运动普及者

大众海洋运动普及者则更加注重市场的广泛性和普惠性。它们通过降低门槛、提供便捷服务等方式吸引更多市民参与海洋运动。这些企业通常拥有广泛的销售渠道和庞大的客户群体，通过规模化经营降低成本并提高服务效率。例如，一些公共海滩和海洋运动公园通过免费或低价开放吸引市民前来游玩；同时，它们还通过举办海洋运动节、培训班等活动，普及海洋运动知识并培养市民的兴趣爱好。

3. 专业赛事与培训机构

专业赛事与培训机构在深圳海洋运动产业中扮演着重要角色。它们通过举办高水平的赛事和提供专业的培训服务，推动海洋运动产业的发展。这些机构通常具有深厚的行业背景和丰富的资源积累，能够为客户提供全面、专业的服务。例如，一些专业的航海学校和培训机构通过引进国际先进的教学理念和方法、聘请资深教练等方式提升教学质量和水平；同时，它们还积极参与国内外赛事的组织和运营工作，以扩大品牌影响力和市场份额。

4. 科技创新型企业

随着科技的不断进步和创新型企业的不断涌现，深圳海洋运动产业中也出现了一些以科技创新为驱动力的竞争者。这些企业通常具有强大的研发能力和创新能力，能够推出具有自主知识产权的新产品和新服务以满足市场需求。例如，一些企业利用物联网、大数据等先进技术提升海洋运动装备的性能和智能化水平；同时，它们还通过开发海洋运动应用程序、建立线上社区等方式拓展服务渠道并提升用户体验。这些科技创新型企业的崛起为深圳海洋运动产业注入了新的活力和动力。

三、深圳海洋运动产业竞争优势与劣势

（一）优势分析

1. 优越的地理位置与丰富的自然资源

深圳地处中国南部，紧邻香港，面朝南海，拥有得天独厚的地理位置和丰富的自然资源。深圳的海岸线绵长，海域广阔，海水清澈，且气候温暖，非常适合开展各种海洋运动。这样的自然条件为深圳发展海洋运动产业提供了较大的优势，使深圳成为海洋运动爱好者的理想之选。深圳的多样化海洋环境，如沙滩、海湾和岛屿，为各类海洋运动提供了丰富的场地选择，进一步提升了深圳在海洋运动产业中的竞争力。

深圳的地理位置不仅吸引了国内的海洋运动爱好者，还吸引了大量国际游客。作为一个国际化大都市，深圳交通便捷，拥有国际机场和发达的海陆交通网络，方便游客前往。

2. 强大的经济基础和政策支持

深圳作为中国经济特区和创新中心，拥有强大的经济基础和政策支持。深圳的经济总量在全国名列前茅，具有雄厚的资金实力和丰富的产业资源。这为深圳发展海洋运动产业提供了坚实的经济基础，能够支持各类海洋运动项目的开发和推广。深圳的经济实力还使其在海洋运动设施的建设和维护上具有较高的投入能力，保障了海洋运动产业的持续发展。

深圳市政府对海洋运动产业的发展给予了高度重视，出台了一系列支持政策和

措施。政府通过财政补贴、税收优惠、用地支持等多种手段，鼓励企业和社会资本参与海洋运动产业的发展。此外，深圳市政府还积极推动海洋运动基础设施的建设，如海洋运动基地、训练场地和赛事场馆等，为产业的发展提供了有力的保障。政府的政策支持不仅提升了深圳海洋运动产业的整体水平，还提升了其在国内外市场中的竞争力。

3. 完善的基础设施与先进的科技应用

深圳的海洋运动基础设施完善，具备举办各类大型国际赛事的能力。深圳拥有多个高标准的海洋运动场地和设施，如帆船训练基地、冲浪俱乐部、潜水中心等。这些设施不仅能够满足海洋运动爱好者的需求，还能够吸引各类国际赛事来深圳举办，提高深圳在国际海洋运动市场中的知名度和影响力。深圳的基础设施建设注重质量和标准，保证了海洋运动项目的安全和体验。

深圳作为中国的科技创新中心，注重将先进的科技应用于海洋运动产业。深圳的高新技术企业在智能化海洋运动设备、VR体验等方面具有领先优势。这些科技创新为海洋运动产业的发展带来了新的活力和竞争力。例如，智能化的海洋运动器材和设施不仅提升了运动体验，还提高了安全性和便利性。VR技术的应用则为海洋运动爱好者提供了全新的体验方式，增加了产业的吸引力和市场潜力。

4. 丰富的赛事经验与国际影响力

深圳拥有丰富的海洋运动赛事组织经验，曾成功举办过多个国际性和全国性的海洋运动赛事。这些赛事不仅提升了深圳的知名度和影响力，还积累了宝贵的赛事组织和管理经验。例如，中国杯帆船赛等赛事吸引了大量国内外选手和观众，成为展示深圳海洋运动实力的重要平台。赛事的成功举办还带动了相关产业的发展，如酒店、餐饮业、旅游业等，进一步提升了深圳的经济效益。

深圳的国际化程度高，拥有较强的国际影响力。深圳的国际化城市形象和开放的政策环境吸引了大量国际游客和海洋运动爱好者。此外，深圳市政府和相关组织积极参与国际海洋运动组织和交流活动，提升了深圳在国际市场中的知名度和影响力。深圳通过举办和参与国际赛事与活动，建立了良好的国际合作关系，为海洋运动产业的发展创造了更多的机遇。

（二）劣势分析

尽管深圳海洋运动产业具有诸多优势，但也存在一些不可忽视的劣势和挑战。这些劣势和挑战限制了深圳海洋运动产业的进一步发展，需要引起相关方面的高度重视和积极应对。

1. 海洋运动资源有限

深圳虽然拥有较长的海岸线和广阔的海域面积，但相对于庞大的市场需求而言，其海洋运动资源仍然有限。特别是在一些热门海洋运动项目中，如游艇、帆船等，其所需的场地、设施等资源相对稀缺。这导致了一些热门项目在高峰期时供不应求，难以满足消费者的需求。此外，随着海洋运动产业的不断发展，对海洋资源的需求也将不断增加，如何合理开发和利用海洋资源成为一个亟待解决的问题。

2. 基础设施不够完善

深圳在海洋运动基础设施建设方面还存在一些不足。一些海洋运动场地和设施的建设标准不高、设施陈旧、功能单一等问题较为突出。这些问题不仅影响了消费者的体验感受，也制约了海洋运动产业的发展水平。此外，一些新兴的海洋运动项目由于缺乏相应的基础设施支持而难以推广和发展。因此，加强海洋运动基础设施建设是推动深圳海洋运动产业发展的重要任务之一。

3. 人才短缺与培训不足

深圳海洋运动产业的发展离不开高素质的人才支撑。然而，目前深圳在海洋运动领域的人才储备和培训方面还存在不足。一方面，海洋运动产业需要具备专业技能和经验的复合型人才，而这类人才在市场上相对稀缺；另一方面，深圳在海洋运动人才培养和培训体系方面还不够完善，难以满足产业发展的需求。这导致了一些高端海洋运动项目在人才方面存在短板，影响了项目的推广和发展。

4. 市场竞争激烈

随着海洋运动产业的不断发展，市场竞争也日趋激烈。深圳作为国内海洋运动产业的重要城市之一，面临着来自国内外众多城市的竞争压力。这些城市在海洋运动产业发展方面各具特色、优势互补，形成了多元化的竞争格局。深圳只有不断提升自身的竞争力和品牌影响力，才能在激烈的市场竞争中脱颖而出。

四、深圳海洋运动产业竞争策略分析

深圳海洋运动产业在面临国内外激烈竞争的同时，也迎来了前所未有的发展机遇。为了在这片蓝海市场中占据一席之地，深圳需要制定科学合理的竞争策略。以下从价格策略、差异化策略和渠道策略三个方面进行深入分析。

（一）价格策略

1. 成本导向定价

成本导向定价是深圳海洋运动产业的基本定价策略之一。在充分考虑生产成本、运营成本、管理成本等各项费用的基础上，企业可以制定一个合理的价格区间，确保在覆盖成本的同时实现盈利。这种策略适用于那些市场竞争激烈、产品同质化程度高的领域，如海洋运动装备、器材等。通过优化生产流程、降低采购成本、提高运营效率等方式，企业可以在保证质量的前提下降低成本，从而在价格上形成竞争优势。

2. 价值定价

价值定价策略强调产品或服务的独特价值，即消费者愿意为这种价值支付的价格。在海洋运动产业中，高端游艇等运动设备往往采用这种定价策略。这些产品不仅具有高品质的性能，还承载着消费者的身份认同和社交需求。因此，企业可以通过提升产品设计、加强品牌建设、优化客户服务等方式，提高产品的附加值，从而在价格上实现差异化竞争。

3. 灵活定价

灵活定价策略要求企业根据市场需求、竞争态势和消费者心理等因素，灵活调整产品价格。在海洋运动产业中，这种策略尤为重要。例如，在旅游旺季或节假日期间，海洋运动项目的需求会大幅增加，此时企业可以适当提高价格以获取更高的利润。而在淡季或市场需求不足时，企业则可以通过降价促销等方式吸引消费者，提高市场占有率。此外，企业还可以根据消费者的购买习惯和偏好，推出套餐优惠、会员制度等灵活多样的价格策略。

（二）差异化策略

1. 产品差异化

产品差异化是深圳海洋运动产业竞争的核心策略之一。企业可以通过技术创新、设计创新、材料创新等方式，推出具有独特卖点和竞争优势的产品。例如，在游艇领域，企业可以研发出更加环保、节能、智能的游艇产品；在帆船领域，则可以推出更加轻便、快速、安全的帆船产品。这些差异化产品不仅能够满足消费者的个性化需求，还能够提升企业的品牌形象和市场竞争力。

2. 服务差异化

服务差异化是提升消费者满意度和忠诚度的关键。在海洋运动产业中，企业可以通过提供高品质、个性化的服务来增强消费者的体验感受。例如，在游艇租赁服务中，企业可以提供专业的游艇驾驶培训、定制化的旅行路线规划、全方位的客户服务等；在帆船比赛中，企业可以提供精准的天气预报、专业的赛事组织、完善的后勤保障等服务。这些差异化服务不仅能够提高消费者的满意度和忠诚度，还能够促进口碑传播和品牌推广。

3. 品牌差异化

品牌差异化是企业在市场竞争中脱颖而出的重要手段。深圳海洋运动产业需要通过品牌建设来塑造独特的品牌形象和价值观。企业可以通过加强品牌宣传、提升品牌知名度、打造品牌文化等方式来增强品牌的差异化和竞争力。例如，企业可以通过赞助国际赛事、举办品牌活动、参与公益事业等方式来提升品牌形象和影响力；同时，还可以通过建立品牌联盟、开展跨界合作等方式来拓展品牌边界和市场份额。

（三）渠道策略

1. 线上渠道拓展

随着互联网技术的不断发展，线上渠道已经成为海洋运动产业的重要销售渠道之一。深圳海洋运动产业可以通过建立官方网站、开设电商平台、利用社交媒体等方式来拓展线上渠道。通过线上渠道，企业可以更加便捷地触达消费者，提供更加灵活多样的购物体验和服务。同时，线上渠道还可以降低企业的营销成本和运营成本，提高企业的运营效率和市场竞争力。

2. 线下渠道优化

虽然线上渠道发展迅速，但线下渠道仍然是海洋运动产业不可或缺的销售渠道之一。深圳海洋运动产业需要通过优化线下渠道布局、提升门店形象和服务质量等方式来提升消费者的购物体验和品牌认知度。例如，企业可以在热门旅游景点、商业中心等人流密集的区域开设门店或体验店；企业可以通过加强员工培训、提高服务水平等方式提升门店的整体形象和服务质量；企业还可以通过开展线下活动、举办产品展示会等方式吸引消费者的关注和参与。

3. 多元化渠道融合

在海洋运动产业中，单一渠道已经难以满足消费者的多元化需求。因此，深圳海洋运动产业需要实现多元化渠道的融合和互补。企业可以通过线上线下融合的方式，将线上渠道的便捷性和线下渠道的体验感相结合；同时，还可以通过与其他行业的合作和跨界融合来拓展新的销售渠道和市场空间。例如，企业可以与旅游公司合作推出海洋运动旅游套餐；与酒店、度假村等合作提供游艇租赁和帆船体验服务；与电商平台合作开展直播带货等营销活动。这些多元化渠道的融合和互补不仅能够提升企业的市场竞争力，还能够为消费者提供更加全面、便捷的服务体验。

第四节 市场拓展策略

一、深圳海洋运动产业目标市场选择

深圳，作为中国改革开放的前沿城市，凭借其独特的地理位置、优越的自然条件、发达的经济基础和深厚的文化底蕴，为海洋运动产业的蓬勃发展营造了有利的氛围。在目标市场的选择上，深圳海洋运动产业应综合考虑本地市场、国内市场及国际市场的特点与潜力，以实现产业的可持续发展和全球化布局。

（一）本地市场

1. 消费需求旺盛

深圳本地市场是海洋运动产业的重要基石。随着居民生活水平的提高和消费观念的转变，深圳市民对海洋运动的需求日益增长。从休闲度假、健身娱乐到专业竞技，多样化的海洋运动项目满足了不同年龄段和消费层次的需求。深圳本地市场的消费者群体广泛，包括年轻白领、外地游客等，他们对海洋运动产品和服务有着较高的接受度和支付意愿。

2. 基础设施建设完善

深圳在海洋运动基础设施建设方面投入巨大，为本地市场的发展提供了有力支撑。从游艇码头、帆船基地到潜水中心、冲浪沙滩，深圳已经构建起较为完善的海洋运动设施网络。这些设施不仅提升了市民的海洋运动体验，也吸引了众多国内外游客前来体验和消费。此外，深圳还积极推动海洋运动与文化、旅游、教育等产业的融合发展，进一步拓宽了本地市场的边界。

3. 政策环境优越

深圳市政府对海洋运动产业的发展给予了高度重视和大力支持。政府出台了一系列优惠政策和扶持措施，包括税收优惠、资金补贴、用地保障等，为本地市场的发展提供了良好的政策环境。同时，政府还通过举办海洋运动赛事、开展海洋运动教育等方式，提升市民对海洋运动的认识和兴趣，进一步激发本地市场的消费潜力。

（二）国内市场

1. 市场潜力巨大

国内市场是深圳海洋运动产业的重要拓展方向。随着中国经济的持续发展和居民收入水平的不断提高，国内消费者对海洋运动的需求日益增长。尤其是在沿海城市和旅游热点地区，海洋运动已经成为人们休闲娱乐的重要方式之一。深圳海洋运动产业可以依托其品牌优势、技术实力和服务水平，积极开拓国内市场，满足广大消费者的需求。

2. 差异化竞争策略

在拓展国内市场时，深圳海洋运动产业需要采取差异化竞争策略。企业通过深入了解不同区域、不同消费群体的需求和偏好，开发出具有针对性的海洋运动产品和服务。例如，针对北方地区的消费者，可以推出冬季冰雪运动与海洋运动相结合的特色产品；针对内陆地区的消费者，则可以通过举办海洋运动文化节、海洋运动体验营等活动，提升他们对海洋运动的认识和兴趣。

3. 产业链协同发展

深圳海洋运动产业在拓展国内市场时，还需要注重产业链的协同发展。通过与上下游企业的紧密合作，形成优势互补、资源共享的产业链生态体系。例如，与旅游企业合作推出海洋运动旅游线路；与装备制造企业合作研发新型海洋运动器材；与培训机构合作开展海洋运动技能培训等。通过产业链的协同发展，深圳海洋运动产业可以更好地满足国内市场的需求，提升整体竞争力。

（三）国际市场

1. 全球化视野

深圳海洋运动产业应具备全球化视野，积极开拓国际市场。随着全球化的深入发展，国际的交流与合作日益频繁。深圳作为中国的经济特区和创新型城市，在海洋运动产业方面拥有独特的优势和资源。通过参与国际竞争与合作，深圳可以借鉴国际先进经验和技术，提升自身产业水平和国际影响力。

2. 国际化品牌建设

在国际市场开拓中，品牌建设非常重要。深圳海洋运动产业应注重国际化品牌建设，提升品牌知名度和美誉度。通过参加国际展会、举办国际赛事、开展国际交流等方式，深圳可以展示其海洋运动产业的实力和魅力，吸引更多国际消费者的关注和认可。同时，深圳还应加强与国际知名品牌的合作与交流，共同推动海洋运动产业的全球化发展。

3. 定制化服务策略

在国际市场中，不同国家和地区的消费者需求和偏好存在差异。因此，深圳海洋运动产业需要采取定制化服务策略，根据不同市场的特点和需求提供个性化的产品和服务。例如，针对欧美市场的消费者，可以推出高端豪华的游艇租赁服务；针对东南亚市场的消费者，可以推出性价比较高的潜水、冲浪等海洋运动项目。通过定制化服务策略的实施，深圳可以更好地满足不同国家和地区消费者的需求，提升其在国际市场中的竞争力。

二、深圳海洋运动产业产品和服务创新

在快速变化的市场环境中，深圳海洋运动产业要实现可持续发展，必须不断推动产品和服务创新。这不仅是满足消费者日益增长和多样化的需求的关键，也是提升产业竞争力、拓展市场份额的重要途径。

（一）产品多样化

1. 新型运动项目开发

深圳海洋运动产业应积极探索和开发新型运动项目，以满足消费者追求新鲜感和刺激感的心理需求。例如，可以引入风筝冲浪、帆板瑜伽、海底漫步等新颖的海上运动项目，这些项目结合了传统海洋运动的元素与现代健身、休闲理念，能够吸引更多年轻、时尚的消费者群体。同时，通过举办新型运动项目的比赛和表演活动，可以进一步提升项目的知名度和影响力，促进市场的扩大。

2. 智能装备研发

随着科技的进步，智能装备在海洋运动领域的应用越来越广泛。深圳作为中国的科技创新之都，应充分利用其科技资源和人才优势，研发出更多具有自主知识产权的智能海洋运动装备。例如，可以开发智能游艇、智能潜水器、可穿戴式海洋运动监测设备等，这些装备不仅能够提升运动的安全性和舒适度，还能够为消费者提供更加便捷、个性化的服务体验。通过智能装备的研发和应用，深圳海洋运动产业可以在全球范围内树立技术领先的形象，增强市场竞争力。

（二）服务质量提升

1. 专业人才培养

服务质量是海洋运动产业的核心竞争力之一。为了提升服务质量，深圳海洋运动产业需要加大专业人才的培养力度，通过与高等院校、职业学校等教育机构合作，建立海洋运动产业人才培养基地，培养出一批具备专业技能、服务意识和职业素养的优秀人才。同时，深圳海洋运动产业还可以通过举办技能竞赛、开展职业培训等方式，不断提升从业人员的专业技能和服务水平。只有拥有一支高素质的专业人才队伍，才能为消费者提供更加优质、专业的服务体验。

2. 服务流程优化

服务流程的优化是提升服务质量的重要手段之一。深圳海洋运动产业应对现有的服务流程进行全面梳理和评估，找出存在的问题和不足，并制定相应的改进措施。例如，可以优化预订流程、减少等待时间、提高服务效率等。同时，还可以引入先进的信息技术和管理手段，如建立客户关系管理系统（CRM）、实施服务标准化管理等，以实现服务流程的自动化、智能化和精细化管理。通过服务流程的优化，可以进一步提升服务效率和质量，提升消费者的满意度和忠诚度。

3. 消费者体验创新

消费者体验是评价服务质量的重要标准之一。深圳海洋运动产业应不断创新消费者体验方式，为消费者提供更加丰富、有趣的体验内容。例如，可以推出主题式的海洋运动体验活动，如海洋探险、海洋文化体验等；还可以利用 VR、AR 等先进技术，为消费者提供更加逼真、沉浸式的体验感受。此外，还可以通过举办海洋运动文化节、海洋运动摄影展等活动，丰富消费者的文化娱乐生活，提升消费者对海洋运动产业的认知度和好感度。通过不断创新消费者体验方式，可以吸引更多消费者参与海洋运动，促进产业的繁荣和发展。

三、深圳海洋运动产业品牌建设与推广

在竞争激烈的海洋运动市场中，品牌建设与推广是深圳海洋运动产业提升市场影响力、吸引消费者并实现长远发展的关键。一个强大的品牌不仅能够塑造独特的市场形象，还能增强消费者的信任感和忠诚度，为产业的持续发展奠定坚实基础。

（一）品牌建设

1. 明确品牌定位

品牌建设的第一步是明确品牌定位。深圳海洋运动产业需要深入分析市场需求、竞争对手以及自身资源优势，确定品牌在市场中的独特位置。品牌定位应体现深圳海洋运动产业的特色与优势，如科技创新、高端服务、文化融合等，以区别于其他地区的海洋运动品牌。同时，品牌定位还需考虑目标消费群体的需求和偏好，确保品牌信息能够精准传达给目标受众。

2. 塑造品牌形象

品牌形象是品牌建设的核心。深圳海洋运动产业应通过视觉识别系统、品牌口号、品牌故事等多种手段塑造独特的品牌形象。视觉识别系统应简洁明了、富有辨识度，能够让人一眼就联想到深圳海洋运动产业。品牌口号应简洁有力、易于传播，能够准确传达品牌的核心价值和理念。品牌故事则应深入挖掘海洋运动背后的文化内涵和人文精神，讲述品牌与消费者之间的情感联系和共鸣。通过这些手段，深圳海洋运动产业可以塑造出具有鲜明个性和情感共鸣的品牌形象。

3. 强化品牌文化

品牌文化是品牌建设的灵魂。深圳海洋运动产业应深入挖掘海洋文化的内涵和价值，将其融入品牌建设中，形成独特的品牌文化。品牌文化应体现海洋的广阔、自由、探索等精神特质，与消费者的价值观和生活方式相契合。同时，品牌文化还应注重传承与创新相结合，既保留海洋文化的传统精髓，又融入现代时尚元素，使品牌更具吸引力和生命力。通过强化品牌文化，深圳海洋运动产业可以建立与消费者之间的深层次情感联系，提升品牌的忠诚度和美誉度。

（二）推广策略

1. 多元化营销渠道

在品牌推广过程中，深圳海洋运动产业应采用多元化的营销渠道，以覆盖更广泛的受众群体。一方面，各企业可以利用传统媒体，如电视、广播、报纸等进行品牌宣传，提高品牌的知名度和曝光率；另一方面，企业应重视新媒体的力量，通过微博、微信、抖音等平台发布品牌信息、互动营销和精准投放广告，吸引年轻、活跃的消费者群体。此外，企业还可以与旅游网站、在线旅游平台等合作，将海洋运动产品纳入旅游线路中，拓宽销售渠道和客源市场。

2. 举办品牌活动

品牌活动是品牌推广的重要手段之一。深圳海洋运动产业可以定期举办各类品牌活动，如海洋运动赛事、文化节、体验日等，以吸引消费者的关注和参与。这些活动不仅能够展示品牌实力和产品特色，还能增强消费者的体验感和参与感，提升品牌的认知度和好感度。同时，品牌活动还可以作为媒体宣传的热点话题，吸引更多媒体关注和报道，进一步扩大品牌的影响力。

3. 跨界合作与资源整合

跨界合作与资源整合是品牌推广的创新方式。深圳海洋运动产业可以积极寻求与其他行业的合作机会，如与时尚、旅游、文化等产业进行跨界合作，共同推出联名产品、举办联合活动等，以拓宽品牌的市场边界和受众群体。同时，深圳海洋运动产业还可以整合行业内的优质资源，如与知名运动员、教练团队合作，提升品牌的专业性和权威性；与科研机构、高校合作，推动技术创新和产品研发等。通过跨界合作与资源整合，深圳海洋运动产业可以形成更强大的品牌合力，提升品牌的整体竞争力和市场地位。

4.口碑营销与用户反馈

口碑营销是品牌推广中不可忽视的力量。深圳海洋运动产业应注重提升产品和服务质量，确保消费者能够获得满意的体验。同时，深圳海洋运动产业还应积极收集用户反馈和意见，及时改进产品和服务中的不足之处，通过提供优质的产品和服务以及良好的用户体验，赢得消费者的口碑和推荐，形成良性循环的口碑营销效应。此外，深圳海洋运动产业还可以利用社交媒体等平台鼓励用户分享自己的海洋运动体验和感受，吸引更多潜在消费者的关注和参与。

四、深圳海洋运动产业渠道拓展策略

（一）线上渠道

1.官方网站和应用程序

深圳海洋运动产业可以通过建立和优化官方网站和移动应用，提升线上渠道的覆盖率和影响力。一个功能全面、用户友好的官方网站是吸引潜在客户的重要工具。通过官方网站，消费者可以方便地了解深圳海洋运动项目的详细信息，包括活动介绍、价格详情、预订方式等。官方网站还可以提供在线客服和咨询服务，解决消费者的问题和疑虑，提升用户体验和满意度。

应用程序的开发和推广也是线上渠道的重要组成部分。通过开发专属的海洋运动应用程序，消费者可以随时随地了解和预订相关活动和服务。应用程序可以提供个性化的推荐和推送服务，根据用户的兴趣和行为数据，推送适合的海洋运动项目和优惠信息。应用程序还可以提供即时通信和社交分享功能，方便用户与朋友分享体验和反馈，提升品牌的社交传播效果。

2.社交媒体和内容营销

社交媒体是现代市场营销的重要工具，深圳海洋运动产业可以充分利用社交媒体平台进行推广和互动，通过在主要的社交媒体平台(如微信、微博、抖音、小红书等)开设官方账号，定期发布有关海洋运动项目的信息、活动预告和精彩瞬间，吸引粉丝的关注和互动。社交媒体平台还可以通过直播、短视频等形式，展示海洋运动的魅力和乐趣，提升用户的参与度和品牌认知度。

内容营销是提升品牌影响力和用户黏性的有效方式。深圳海洋运动产业可以通过制作和发布高质量的内容，如专业的海洋运动指南、运动技巧分享、名人和专家访谈等，吸引目标受众的关注和阅读；通过与知名博主和网络达人合作，开展联合推广活动，借助他们的影响力和粉丝基础，扩大品牌的传播范围和影响力。内容营销不仅可以提升品牌的专业形象，还可以增加用户的信任感和忠诚度。

3. 电子商务平台和在线预订

电子商务平台是现代消费的重要渠道。深圳海洋运动产业可以通过与知名电子商务平台合作，拓展线上销售和预订渠道。通过与平台合作，海洋运动项目可以更广泛地触达潜在客户，提升销售额和市场份额。例如，可以在携程、飞猪、去哪儿等旅游平台上开设旗舰店，提供海洋运动项目的详细介绍、用户评价和在线预订服务，方便消费者进行选择和预订。

在线预订系统的开发和优化也是提升线上渠道竞争力的重要手段。通过提供便捷的在线预订服务，消费者可以随时随地预订海洋运动项目，提升购买的便利性和用户体验。在线预订系统可以结合大数据分析，提供个性化的推荐和动态定价，满足不同消费者的需求。企业通过与支付平台和金融机构的合作，可以提供多样化的支付方式和优惠活动，吸引更多的消费者进行在线预订。

4. 数据分析和精准营销

数据分析是提升线上渠道效果的重要手段。通过对用户行为数据的分析，深圳海洋运动产业可以了解用户的需求和偏好，进行精准营销和个性化服务。例如，通过分析用户的浏览记录、预订习惯和反馈评价，了解用户对不同项目和服务的关注点和满意度，进行针对性的改进和优化。数据分析还可以帮助企业发现市场趋势和机会，制订有效的营销策略和推广计划。

精准营销是提升市场转化率和用户黏性的有效手段。通过大数据和人工智能技术，深圳海洋运动产业可以实现精准的用户画像和个性化推荐。根据用户的兴趣和行为数据，推送适合的海洋运动项目和优惠信息，提升用户的参与度和购买意愿。精准营销不仅可以提升广告投放的效果和转化率，还可以提高用户的满意度和忠诚度，形成口碑效应。

（二）线下渠道

1. 海洋运动体验中心和销售点

线下渠道是提升用户体验和品牌影响力的重要途径，深圳海洋运动产业可以通过设立海洋运动体验中心和销售点，吸引更多的消费者参与。海洋运动体验中心可以设立在城市的各大商场、旅游景点、酒店等人流密集的地方，提供现场体验和咨询服务。例如，在海滨景区设立潜水和冲浪体验中心，提供现场培训和试用活动，吸引游客参与和体验。通过体验中心的现场展示和互动，提升品牌的知名度和市场吸引力。

销售点的设立也是线下渠道的重要组成部分。从事深圳海洋运动的相关企业可以在城市的主要商业区和旅游景点设立销售点，提供海洋运动项目的详细介绍、预订和购买服务。销售点通过展示项目实物和设备，提供现场咨询和体验，增强用户的购买意愿和信任度。企业通过与商场和酒店的合作，可以利用其客流量和资源，提升销售点的可见度和客源。

2. 与旅游公司和酒店合作

与旅游公司和酒店的合作是拓展线下渠道的有效途径。深圳海洋运动产业可以通过与知名旅游公司和酒店集团的合作，开展联合推广和销售活动；通过将海洋运动项目纳入旅游线路和住宿套餐，吸引更多的游客前来深圳体验。例如，与旅行社合作推出海洋运动旅游套餐，包括交通、住宿、餐饮和海洋运动项目的一站式服务，提升游客的便利性和满意度。

通过与酒店的合作，深圳海洋运动的相关企业可以在酒店内设立海洋运动体验区和服务台，提供项目介绍和预订服务。例如，在海滨酒店设立冲浪和潜水体验区，提供现场培训和设备租赁服务，吸引酒店客人参与。酒店还可以通过提供专属优惠和套餐服务，提升客人的满意度和参与度。通过与旅游公司和酒店的合作，深圳海洋运动产业可以扩大市场覆盖范围，提升品牌影响力和市场份额。

3. 参与展览会和活动

参与展览会和活动是提升品牌知名度和市场影响力的重要手段。深圳海洋运动产业可以通过参加国内外的旅游展览会、体育展览会和海洋运动展览会，进行品牌宣传和市场推广。例如，可以在展览会上设置展位，展示海洋运动项目和设备，提供现场体验和咨询服务，吸引参观者的关注和参与。通过展览会的展示和互动，可以提升品牌的曝光率和市场吸引力，吸引更多的潜在客户和合作伙伴。

参加各类海洋运动赛事和活动也是提升品牌影响力的有效途径。深圳海洋运动产业可以通过赞助和组织海洋运动赛事，提升品牌的知名度和美誉度。例如，赞助举办国际帆船赛、全国冲浪大赛等，提升品牌在海洋运动市场中的影响力。通过举办和参与各类海洋运动活动，各企业可以展示品牌的专业性和实力，吸引更多的海洋运动爱好者和潜在客户。

4. 与教育机构和社区合作

与教育机构和社区的合作是拓展线下渠道的有效途径。深圳海洋运动产业可以通过与本地学校、大学和社区组织合作，开展海洋运动教育和推广活动。例如，在学校开设海洋运动课程，组织学生参加海洋运动培训和比赛，提升学生对海洋运动的兴趣和参与度。通过与教育机构的合作，深圳海洋运动产业可以培养未来的海洋运动爱好者和潜在客户，提升市场基础和影响力。

通过与社区的合作，深圳海洋运动产业可以在社区内设立海洋运动体验中心和活动场地，提供现场体验和培训服务。例如，在社区内组织海洋运动讲座、体验日和比赛等活动，吸引社区居民参与和体验。社区活动不仅可以提升品牌的知名度和市场吸引力，还可以增强社区居民对海洋运动的兴趣和参与度，形成口碑效应，打下市场基础。

通过线上和线下渠道的综合拓展，深圳海洋运动产业可以提升市场覆盖率和影响力，吸引更多的消费者和合作伙伴，形成全方位的市场推广网络，推动产业的持续发展和壮大。

第四章 深圳海洋运动产业的产业结构

产业结构的合理性直接影响产业的健康发展与竞争力。本章将从产业链分析、产业结构优化、产业集聚与集群发展等方面对深圳海洋运动产业进行深入探讨。通过对产业链的梳理，识别产业链中的关键环节与价值点，并结合深圳的实际情况，分析如何优化产业结构，推动产业的集聚与集群发展，从而提高深圳海洋运动产业的整体效益和竞争力。

第一节 深圳海洋运动产业的产业链

一、深圳海洋运动产业的产业链构成

在探讨深圳海洋运动产业的产业链时，我们需要从上游产业开始分析。上游产业作为整个产业链的基础，为中游的生产制造及下游的服务与消费提供了重要的支持与保障。

（一）上游产业

1. 原材料供应

（1）多元化原材料渠道

深圳海洋运动产业的原材料供应环节，涵盖了从基础材料到高端科技材料的广泛范围。基础材料方面，如橡胶、塑料、金属等，这些材料是制造浮潜装备、潜水服、冲浪板等海洋运动器械不可或缺的基础。深圳凭借其强大的制造业基础与物流网络，能够高效地获取这些基础原材料，并确保供应链的稳定。同时，随着科技的不断进步，海洋运动装备对材料的要求也日益提高，因此，高端科技材料如碳纤维、钛合金、智能织物等也逐渐成为原材料供应的重要组成部分。深圳积极引入国内外先进材料

供应商，建立稳定的合作关系，为海洋运动装备的轻量化、高强度、智能化提供了有力支撑。

（2）质量控制与环保标准

在原材料供应过程中，质量控制与环保标准是不可忽视的重要环节。深圳海洋运动产业深知这一点，因此，在原材料采购过程中，严格遵循国际质量标准与环保法规，对供应商进行严格的筛选与评估。通过建立完善的原材料检验体系与追溯机制，确保每一批次原材料都符合质量标准与环保要求。同时，鼓励供应商采用环保生产工艺与材料，共同推动海洋运动产业的绿色可持续发展。

2. 设计与研发

（1）创新驱动设计

设计与研发是深圳海洋运动产业上游环节的核心竞争力所在。深圳汇聚了大量优秀的设计师与研发团队，他们紧跟国际潮流，结合市场需求与消费者偏好，不断创新设计理念与产品形态。从外观设计到功能布局，从材料选择到制造工艺，每一个环节都凝聚着设计师与研发人员的智慧与汗水。他们通过跨界合作、用户调研、大数据分析等手段，深入了解市场需求与消费者痛点，从而设计出既符合人体工学又兼具时尚感与实用性的海洋运动装备。

（2）技术研发引领产业升级

技术研发是推动海洋运动产业升级的关键力量。深圳海洋运动产业在技术研发方面投入巨大，致力于在材料科学、智能制造、物联网技术等领域取得突破。通过引入先进的研发设备与软件工具，建立高效的研发平台与团队，不断提升技术创新能力与成果转化效率。例如，在材料科学领域，深圳的科研团队正致力于开发更加环保、轻质、高强度的海洋运动装备材料；在智能制造领域，则通过引入自动化生产线与智能机器人等先进设备，提高生产效率与产品质量。这些技术研发成果不仅提升了海洋运动装备的性能与品质，也为产业的转型升级提供了有力支撑。

3. 装备制造

（1）高端装备制造能力

装备制造是海洋运动产业上游环节的重要组成部分。深圳凭借其强大的制造业基础与高端装备制造能力，在海洋运动装备的生产制造方面占据了领先地位。从潜水服、冲浪板到帆船、赛艇等，深圳的制造企业能够提供各类高品质、高性能的海洋运动装备。这些企业不仅拥有先进的生产设备与工艺流程，还注重技术创新与质量管理，确保每一件产品都能够达到国际先进水平。

（2）智能制造与个性化定制

随着消费者对海洋运动装备的需求日益多样化与个性化，智能制造与个性化定制成为装备制造领域的重要趋势。深圳的海洋运动装备制造企业紧跟这一趋势，通过引入智能制造系统与数字化技术，实现生产过程的自动化、智能化与柔性化。同时，借助大数据分析与人工智能技术，深入了解消费者需求与偏好，提供个性化的产品设计与生产服务。这种智能制造与个性化定制的模式不仅提高了生产效率与产品质量，还满足了消费者对海洋运动装备的个性化需求与期待。

（二）中游产业

中游产业作为海洋运动产业链的桥梁，连接着上游的原材料供应、设计与研发及装备制造，以及下游的赛事运营、旅游观光及周边产品开发，其重要性不言而喻。深圳海洋运动中游产业展现出了高度的专业性与创新性。

1. 赛事组织与策划

（1）专业赛事管理机构

深圳海洋运动产业的赛事组织与策划，依赖于一批专业的赛事管理机构。这些机构不仅具备丰富的赛事组织经验，还拥有专业的团队来负责赛事的策划、执行与评估。从赛事的选址、赛程安排到裁判团队的组建，每一个环节都经过精心设计与周密部署。同时，这些机构还注重与国际赛事组织的合作与交流，不断引进国际先进的赛事管理理念与运营模式，提升深圳海洋运动赛事的专业化水平与国际影响力。

（2）创新赛事模式

为了吸引更多参与者与观众，深圳海洋运动产业的赛事组织与策划不断创新赛事模式。除了传统的水上运动比赛外，还积极探索将海洋运动与旅游、文化、科技等领域相结合的新模式。例如，举办海洋音乐节、帆船文化节等跨界活动，将海洋运动的激情与文化的魅力相融合；利用 VR、AR 等科技手段，打造沉浸式赛事体验区，让观众身临其境地感受海洋运动的魅力。这些创新赛事模式不仅丰富了赛事内容，也提升了赛事的吸引力与观赏性。

2. 运动员培训与教育

（1）专业培训体系

深圳海洋运动产业注重运动员的培训与教育，建立了完善的培训体系。从基础技能训练到高级竞技策略，从体能训练到心理辅导，每个环节都有专业的教练团队进行指导。同时，深圳还积极引进国内外优秀的教练资源，为运动员提供国际化的培训机会。此外，还建立了运动员选拔与激励机制，鼓励更多有潜力的年轻人投身于海洋运动事业中。

（2）教育与普及

除了专业培训外，深圳还重视海洋运动的教育与普及工作。通过在学校、社区等场所开展海洋运动知识讲座、体验活动等，提高公众对海洋运动的认识与兴趣。同时，还与媒体合作推出海洋运动专题节目、纪录片等，进一步扩大海洋运动的影响力与受众范围。这些教育与普及工作不仅为海洋运动产业的发展奠定了坚实的人才基础与群众基础，也促进了海洋文化的传播与传承。

3. 装备销售与维护

（1）多元化销售渠道

深圳海洋运动产业的装备销售环节呈现出多元化的特点。除了传统的实体店销售外，还积极拓展线上销售渠道。通过线上线下相结合的方式，为消费者提供更加便捷、高效的购物体验。同时，还与国内外知名海洋运动品牌建立合作关系，引进更多高品质、高性能的海洋运动装备产品。此外，还注重售后服务体系建设，提供专业的装备维护、保养与升级服务，确保消费者在使用过程中能够得到及时、有效的支持。

（2）个性化定制服务

随着消费者对个性化需求的增加，深圳海洋运动产业的装备销售环节也注重提供个性化定制服务。消费者可以根据自己的喜好、身体条件及运动需求等因素，选择适合自己的海洋运动装备并进行个性化定制。这种服务模式不仅满足了消费者的个性化需求与期待，也提升了海洋运动装备的附加值与市场竞争力。

（三）下游产业

下游产业作为海洋运动产业链的终端环节，直接面向消费者提供各类服务与产品。在深圳这片充满活力的土地上，下游产业同样展现出了蓬勃的发展态势。

1. 赛事运营与推广

（1）赛事品牌塑造

深圳海洋运动产业的赛事运营与推广注重品牌塑造。通过精心策划与组织各类海洋运动赛事活动，打造具有深圳特色的海洋运动赛事品牌。同时，加大与媒体的合作与宣传力度，提升赛事的知名度与影响力。此外，还重视赛事文化的培育与传播工作，通过举办赛事文化展览、出版赛事纪念册等形式，让更多人了解并参与海洋运动来。

（2）赛事商业化运作

为了推动赛事的可持续发展并实现商业价值最大化，深圳海洋运动产业的赛事运营与推广还注重商业化运作。通过引入赞助商、广告商等商业资源为赛事提供资金支持与宣传推广；开发赛事相关衍生品如纪念品、服装等，并进行销售；探索赛事与旅游、文化等领域的融合发展模式，拓宽收入来源渠道。这些商业化运作手段不仅为赛事的举办提供了有力保障，也为相关产业链条的延伸与拓展提供了广阔空间。

2. 赛事旅游与观光

（1）海洋运动旅游线路开发

深圳的海洋运动旅游线路开发，不仅涵盖了传统的海滨度假、海岛探险，还融入了丰富的海洋运动体验项目。例如，结合大鹏半岛的优美海岸线，可以设计一条集冲浪、帆板、皮划艇于一体的海上探险线路，让游客在享受自然风光的同时，也能亲身体验海洋运动的刺激与乐趣。深圳还积极与周边地区合作，共同打造跨区域的海洋运动旅游线路，如深港澳海洋运动环线，进一步拓展旅游市场，提升国际知名度。

（2）赛事观光与体验

除了常规的海洋运动旅游线路外，深圳还充分利用各类海洋运动赛事的举办，推出赛事观光与体验产品。在赛事期间，组织游客前往赛场观战，近距离感受海洋运动的魅力与激情。同时，提供赛事体验活动，如赛艇试乘、帆船驾驶体验等，让游客亲身体验海洋运动的乐趣。这种赛事与旅游相结合的模式，不仅丰富了旅游产品的种类，也提升了赛事的参与度和观众体验。

3. 赛事周边产品开发与销售

（1）创意周边产品设计

深圳海洋运动产业的下游环节还涉及赛事周边产品的开发与销售。这些周边产品不仅限于传统的服装、鞋帽、纪念品等，还融入了更多的创意元素。设计师们结合赛事主题、海洋文化及现代审美趋势，设计出既实用又具有观赏性的周边产品。例如，以海洋动物为原型的玩偶、结合赛事标志的时尚配饰，以及融入海洋元素的家居装饰品等，都深受消费者喜爱。

（2）销售渠道拓展与品牌建设

为了将这些创意周边产品推向市场并实现商业价值，深圳海洋运动产业积极拓展销售渠道并加强品牌建设。一方面，通过电商平台、社交媒体等渠道进行宣传推广和销售；另一方面，在赛事现场设立专门的销售区域，利用赛事的人流和关注度促进产品销售。同时，注重品牌形象的塑造与维护，通过高质量的产品和优质的服务赢得消费者的信任与好评。这不仅提升了赛事周边产品的市场竞争力，也为整个海洋运动产业带来了更多的商业机会和发展空间。

二、深圳海洋运动产业的产业链关键节点分析

在深圳海洋运动产业蓬勃发展的背景下，产业链中的几个关键节点显得尤为重要，它们不仅决定了产业链的整体运作效率与竞争力，还深刻影响着海洋运动文化的传播与普及。

（一）赛事组织与策划

1. 国际赛事引进与合作

（1）国际视野下的赛事选择

深圳作为中国的经济特区和创新城市，具备良好的条件来引进和举办国际级海洋运动赛事。在赛事选择上，深圳不仅关注赛事的知名度和影响力，更重视其与城市形象的契合度及长远发展的潜力。通过深入分析国际海洋运动赛事的发展趋势和市场需求，深圳精准定位，选择那些既能展现城市魅力又能促进产业发展的赛事项目进行引进。例如，世界帆船联合会的世界帆船对抗巡回赛等，这些赛事不仅吸引了全球顶尖运动员的参与，也吸引了大量国内外观众和媒体的关注。

（2）深化国际合作，共享赛事资源

在引进国际赛事的同时，深圳还注重与国际赛事组织、赞助商及媒体等建立长期稳定的合作关系。通过签订合作协议、共享赛事资源、共同举办赛事活动等方式，深圳不仅提升了自身在国际海洋运动领域的影响力和地位，还促进了与国际同行的交流与合作。这种合作模式不仅有助于引进更多高水平的赛事项目，还为深圳本土赛事的国际化发展提供了宝贵的经验和资源支持。

2. 本土赛事创新与品牌塑造

（1）挖掘本土特色，创新赛事形式

深圳海洋运动产业在注重引进国际赛事的同时，也积极挖掘本土特色资源，创新赛事形式。通过结合深圳的自然条件、人文历史及市场需求等因素，设计出具有鲜明地方特色的海洋运动赛事项目。例如，依托深圳丰富的海岸线资源举办沙滩排球、冲浪等赛事；结合深圳的科技优势举办智能帆船、无人机海上救援等创新赛事。这些赛事不仅丰富了海洋运动赛事的种类和形式，还提升了深圳海洋运动产业的竞争力和吸引力。

（2）强化品牌意识，打造赛事 IP

品牌是赛事的灵魂和核心竞争力。深圳海洋运动产业在本土赛事的策划与组织过程中，始终注重品牌塑造和 IP 打造。通过精心设计赛事标识、口号、吉祥物等品牌形象元素，制定并实施统一的品牌形象传播策略，加强赛事的品牌宣传和推广力

度等措施，深圳成功打造了一批具有知名度和美誉度的本土海洋运动赛事品牌。这些品牌不仅提升了赛事的市场价值和影响力，还为深圳海洋运动产业的可持续发展奠定了坚实的基础。

（二）装备制造

1.高科技材料与技术创新

（1）先进材料的应用

在海洋运动装备制造领域，高科技材料的应用是提升装备性能和质量的关键因素之一。深圳作为中国的科技创新中心之一，在海洋运动装备材料的研发和应用方面取得了显著成果，通过引进和自主研发先进材料技术，如碳纤维、纳米材料、高强度合金等，有企业推出了一款轻量化、高强度的全碳纤维冲浪板，这款冲浪板相比传统的玻璃纤维板，重量更轻，强度更高。冲浪者使用这款冲浪板能够在更大的浪头上保持稳定，并且提高了控制和转向的敏捷性。还有企业成功生产了一系列轻量化、高强度、耐腐蚀的海洋运动装备产品，如纳米材料潜水服。这种潜水服利用纳米材料的特殊性能，提供了更高的抗压性和优越的保温效果，使潜水员在寒冷的深海环境中仍然能够保持体温。这些产品不仅提升了运动员的竞技水平和安全性，还降低了装备的维护成本和环保压力。

（2）技术创新的驱动

技术创新是推动海洋运动装备制造产业发展的重要动力。海洋运动装备制造企业注重技术创新和研发投入，加强与高校、科研机构及国际同行的合作与交流，不断提升自身的技术实力和创新能力，在产品设计、生产工艺、质量检测等方面不断取得突破，推出了一系列具有自主知识产权和核心竞争力的海洋运动装备产品。这些产品不仅满足了国内外市场的需求，还为海洋运动装备制造产业的转型升级和高质量发展提供了有力支持。例如，最先进的帆船使用的材料是钛金属陶瓷材质，这种材质是由沛纳海品牌研发的，灵感来源于"Luna Rossa Prada Pirelli"帆船队使用的 AC75 水翼单体赛船。经过沛纳海创意工坊 7 年的精心研发，通过等离子体电解氧化技术完成了钛材质的陶瓷化专利研究，使得这种新材质不仅硬度显著增强，而且具有独特的蓝色调。这种材质的硬度是传统陶瓷的 10 倍，表壳比精钢轻 44%，充分展现了品牌对先进技术的追求。

2.智能化制造与个性化定制

（1）智能化生产的推进

随着智能制造技术的不断发展，深圳海洋运动装备制造企业积极推进智能化生产模式的应用。通过引入先进的自动化生产线、智能机器人、物联网等智能制造技术，企业实现了生产过程的数字化、网络化和智能化。这不仅提高了生产效率和质量稳定性，还降低了生产成本和能源消耗。此外，智能化生产模式还为企业提供了更灵活的生产能力和更快的响应速度，能够更好地满足市场的个性化需求。目前，最先进的海洋钓鱼设备包括北斗终端、船舶自动识别系统（AIS）、探鱼器等。这些设备的应用极大地提高了渔民出海捕鱼的效率和安全性。北斗终端和AIS通过提供精确的定位和船舶之间的通信，帮助渔民更好地导航和避免碰撞，确保了渔船的安全航行。在海洋钓鱼领域，探鱼器是一种非常重要的设备，它能够协助渔民准确地掌握鱼群的位置，无论是新手还是经验丰富的渔民，探鱼器都能显著提升其捕鱼的效率和成功率。探鱼器的类型包括便携型、多功能小型和高性能小型。渔民可以根据不同的使用场景和需求，选择适合的探鱼器。例如，便携型探鱼器适合在岸边垂钓，而高性能探鱼器则适合中大型船只，以便更精准地掌握鱼群位置，从而捕到更多鱼。随着这些设备的推广与技术的更新，渔民在海洋钓鱼活动中能够更加安全、便捷地获得丰富的渔获。通过使用这些设备，渔民不仅能够提高捕鱼效率，还能在享受钓鱼乐趣的同时，确保自身安全。

（2）个性化定制服务的拓展

在消费者需求日益多样化的背景下，深圳海洋运动装备制造企业积极拓展个性化定制服务。通过建立完善的客户信息系统和定制化生产流程，企业能够根据不同消费者的需求和偏好，提供量身定制的海洋运动装备产品。这些产品不仅具有独特的外观和性能特点，还能更好地满足消费者的个性化需求和使用体验。个性化定制服务的拓展不仅提升了企业的市场竞争力，还为消费者带来了更加贴心和满意的服务体验。目前，有公司推出了一项个性化定制冲浪板服务。客户可以通过公司的在线平台选择冲浪板的材质、颜色、图案和尺寸，并输入自己的体型数据。公司利用大数据分析和3D打印技术，根据客户的需求和数据，为其量身定制一款独一无二的冲浪板。该服务极大地满足了消费者对个性化产品的需求，特别是在年轻人和极限运动爱好者中引起了强烈的反响。

（三）赛事运营与推广

1.媒体宣传与营销策略

（1）多渠道媒体宣传

媒体宣传是提升赛事知名度和影响力的关键手段之一。深圳海洋运动产业在赛事运营过程中，注重利用多种媒体渠道进行全方位、立体式的宣传。

1）传统媒体与新媒体的结合

深圳海洋运动赛事充分利用传统媒体（如电视、广播、报纸）的权威性和覆盖面，通过新闻发布、赛事直播、专题报道等形式，确保赛事信息能够广泛传播至不同年龄层和兴趣爱好的观众。同时，紧跟时代步伐，积极拥抱新媒体（如社交媒体、短视频平台、直播平台），利用这些平台的互动性和即时性，开展话题讨论、选手访谈、赛事花絮分享等活动，增强观众的参与感和黏性。通过传统媒体与新媒体的有机结合，形成强大的宣传合力，为赛事带来前所未有的曝光度和关注度。

2）跨界合作，拓宽宣传边界

深圳海洋运动赛事积极探索跨界合作的可能性，与时尚、娱乐、旅游等行业进行深度合作，共同打造跨界营销活动。例如，与知名时尚品牌合作推出赛事主题服装和配饰，吸引时尚圈和年轻消费者的关注；与影视公司合作拍摄赛事纪录片或微电影，通过电影、电视剧等载体讲述海洋运动故事，传递海洋文化；与旅游机构合作推出赛事观赛旅游套餐，将赛事观赏与旅游观光相结合，为游客提供独特的旅游体验。这些跨界合作不仅拓宽了赛事的宣传边界，还促进了不同行业之间的资源共享和互利共赢。

（2）精准营销策略的实施

1）数据分析与受众定位

在营销策略的制定过程中，深圳海洋运动赛事注重运用大数据和人工智能技术，对潜在观众进行精准分析和定位。通过对观众的兴趣爱好、消费习惯、社交行为等数据进行深入挖掘和分析，赛事组织者能够更准确地把握观众的需求和偏好，从而制定出更具针对性的营销策略。例如，针对年轻观众群体，可以通过社交媒体和短视频平台进行高频次、高互动的宣传；针对高端商务人士，则可以通过电子邮件、专业媒体等渠道进行精准推送。

2）体验式营销与口碑传播

除了传统的广告宣传外，深圳海洋运动赛事还注重体验式营销和口碑传播的力量。通过组织试乘试驾、现场体验、互动游戏等活动，让观众亲身体验海洋运动的魅力，从而激发他们对赛事的兴趣和热情。同时，鼓励观众在社交媒体上分享自己的体验感受和赛事精彩瞬间，利用口碑传播的力量吸引更多潜在观众的关注和参与。这种体验式营销和口碑传播的方式不仅能够有效提升赛事的知名度和影响力，还能够增强观众的忠诚度和归属感。

2. 数字化平台建设与运营

（1）数字化平台的构建

随着数字化时代的到来，深圳海洋运动赛事积极构建数字化平台，以提供更加便捷、高效、个性化的服务。这些数字化平台包括官方网站、移动应用、社交媒体等，它们不仅承担着赛事信息发布、票务销售、观众互动等基本功能，还通过数据分析、用户画像等技术手段为赛事运营提供有力支持。通过数字化平台的构建，赛事组织者能够更好地了解观众的需求和反馈，及时调整和优化赛事运营策略，提升赛事的整体质量和效果。

（2）数字化运营的创新

在数字化平台的运营过程中，深圳海洋运动赛事注重创新和探索。一方面，通过引入 VR、AR 等前沿技术，为观众提供沉浸式的观赛体验；另一方面，利用人工智能算法进行个性化推荐和智能客服服务，提升观众的满意度和忠诚度。此外，深圳海洋运动赛事还积极探索区块链技术在票务管理、版权保护等方面的应用，确保赛事的公平性和安全性。这些数字化运营的创新举措不仅提升了赛事的吸引力和竞争力，还为观众带来了更加丰富多彩的观赛体验。

第二节 深圳海洋运动产业的产业结构优化

一、深圳海洋运动产业优化目标

在深圳海洋运动产业蓬勃发展的背景下，产业结构优化成为推动其持续健康发展的关键所在。通过明确优化目标，并制定相应的策略与措施，可以进一步提升产业附加值，增强产业竞争力，实现深圳海洋运动产业的全面升级。

（一）提升产业附加值

1.加强高端装备制造与技术创新

（1）推动技术创新，引领产业升级

深圳作为中国的科技创新之都，其海洋运动产业应充分利用这一优势，加强高端装备制造领域的技术创新。这包括加大对新材料、新工艺、新技术的研发投入，推动海洋运动装备向轻量化、智能化、环保化方向发展。通过设立专项基金、鼓励企业技术创新、加强产学研合作等方式，激发创新活力，形成一批具有自主知识产权和核心竞争力的海洋运动装备产品。这些高端装备不仅能提升运动员的竞技水平，还能满足消费者对高品质、高性能产品的需求，从而显著提高产业附加值。

（2）构建完整产业链，促进协同发展

在加强高端装备制造的同时，深圳还应注重构建完整的海洋运动装备产业链。这包括原材料供应、零部件制造、总装集成、销售服务等各个环节的协同发展。通过优化资源配置、加强产业链上下游企业的合作与沟通，形成优势互补、互利共赢的产业链格局。这不仅可以降低生产成本、提高生产效率，还能促进技术创新和产业升级的良性循环，进一步提升产业附加值。

2. 拓展赛事周边高价值产品

（1）挖掘赛事文化内涵，开发创意产品

深圳海洋运动赛事周边产品的开发应深入挖掘赛事文化内涵，结合深圳的城市特色和文化底蕴，设计出具有独特魅力和高附加值的创意产品。这些产品可以涵盖服装、鞋帽、配饰、纪念品等多个领域，通过独特的设计理念和制作工艺，展现赛事的激情与活力，同时满足消费者的审美和实用需求。通过举办设计大赛、邀请知名设计师参与设计等方式，激发创意灵感，提升产品的市场竞争力和品牌影响力。

（2）拓展销售渠道，实现品牌增值

在拓展赛事周边高价值产品的同时，深圳还应注重销售渠道的拓展和品牌的建设，通过线上线下相结合的方式，构建全方位、多层次的销售网络。线上方面，可以利用电商平台、社交媒体等渠道进行产品推广和销售；线下方面，可以在赛事现场、购物中心、旅游景点等地设立专卖店或体验店，让消费者亲身体验产品的魅力。同时，深圳海洋运动产业也应加大品牌宣传和推广力度，提升品牌知名度和美誉度，实现品牌价值的增值。

（二）提升产业竞争力

1. 强化品牌建设与国际化合作

（1）打造知名品牌，提升国际影响力

深圳海洋运动产业应重视品牌建设，通过打造知名品牌来提升产业的国际影响力和竞争力。这包括加强品牌策划与宣传、提升产品质量和服务水平、加强品牌保护与维权等方面的工作。通过举办高水平的国际赛事、参与国际交流与合作等方式，展示深圳海洋运动产业的实力和魅力，吸引更多的国际关注和合作机会。同时，深圳海洋运动产业也应加强品牌文化的培育和传播，让品牌成为连接消费者与产业的情感纽带和身份象征。

（2）加强粤港澳大湾区合作，拓展深圳海洋运动产业市场

在粤港澳大湾区的战略背景下，深圳海洋运动产业应充分利用区域合作的机遇，推动品牌建设和市场拓展。作为中国经济最活跃的区域之一，粤港澳大湾区独特的地理优势和经济互补性为深圳海洋运动产业提供了广阔的发展空间。为了实现这一目标，深圳海洋运动产业需从品牌合作、技术创新、产业链整合和人才培养等方面着手，积极拓展粤港澳大湾区市场。

2.提升赛事组织与管理水平

（1）完善赛事组织体系，提高运营效率

深圳海洋运动赛事的组织与管理水平对于提升产业竞争力至关重要。因此，应完善赛事组织体系，建立健全的赛事管理机构和工作机制。通过明确职责分工、优化工作流程、加强沟通协调等方式，提高赛事组织的效率和质量。同时，注重引入先进的管理理念和技术手段，如数字化管理、智能化调度等，提升赛事管理的科技含量和智能化水平。这不仅可以提高赛事的运营效率和质量，还能为观众提供更加便捷、高效、舒适的观赛体验。

（2）加强人才队伍建设，提升专业水平

在提升赛事组织与管理水平的过程中，人才队伍建设是关键。深圳海洋运动产业应注重培养和引进一支具有高素质、专业化、国际化的人才队伍。通过加强教育培训、完善激励机制、搭建交流平台等方式，提升海洋运动领域人才的专业水平和创新能力。同时，加强与高校、科研机构等的合作与交流，引进更多优秀人才和先进技术成果。这些人才将为深圳海洋运动产业的发展提供有力的人才保障和智力支持，推动产业向更高水平迈进。

二、深圳海洋运动产业优化策略

在推动深圳海洋运动产业持续健康发展的进程中，产业结构优化是核心任务之一。通过实施一系列精准有效的优化策略，可以加速产业升级，提升产业竞争力，为深圳乃至全国海洋运动产业的发展树立标杆。以下将从科技创新引领、产业链协同发展以及政策支持与引导三个方面详细阐述优化策略。

（一）科技创新引领

1.加大研发投入，推动技术创新

（1）建立多元化研发投入机制

深圳海洋运动产业应积极探索建立政府引导、企业主体、市场导向、产学研深度融合的多元化研发投入机制。政府可通过设立专项基金、提供税收减免等方式，激励企业增加研发投入；同时，鼓励社会资本通过风险投资、私募股权等方式参与海洋运动产业的科技创新。企业应成为技术创新的主体，根据自身发展需求和市场趋势，制订科学合理的研发计划，并投入足够的资源进行研发活动。此外，还应加强与国际先进企业的合作与交流，引进和消化吸收国际先进技术，推动本土技术创新的快速发展。

（2）聚焦关键技术突破

在加大研发投入的基础上，深圳海洋运动产业应聚焦关键技术领域的突破。这包括海洋运动装备的材料科学、动力系统、智能控制等核心技术，赛事组织与管理中的数字化、智能化、绿色化等创新技术，以及海洋环境保护与可持续发展相关的生态技术等。通过集中力量攻克这些关键技术难题，可以显著提升海洋运动产业的科技含量和核心竞争力，为产业升级提供有力支撑。

2. 促进产学研深度融合

（1）搭建产学研合作平台

为促进产学研深度融合，深圳应积极搭建产学研合作平台，为高校、科研机构与企业之间的合作提供便利条件。这包括建立产学研合作联盟、举办产学研对接会、共建研发机构等多种形式。通过这些平台，高校和科研机构可以及时了解企业的技术需求和市场需求，将科研成果转化为实际生产力；企业则可以借助高校和科研机构的智力资源和技术优势，提升自身的技术创新能力和市场竞争力。

（2）推动科技成果转化

在产学研合作过程中，应特别注重科技成果的转化和应用。深圳应建立完善的科技成果转化机制，鼓励和支持高校、科研机构和企业之间的科技成果转化活动。通过提供政策扶持、资金支持、市场推广等全方位服务，帮助科技成果快速实现商业化应用。同时，还应加强知识产权保护工作，为科技成果的转化提供法律保障。

（二）产业链协同发展

1. 加强上下游企业合作

（1）建立紧密的产业链合作关系

深圳海洋运动产业应积极推动上下游企业之间的紧密合作，形成稳定、高效的产业链合作关系。这包括原材料供应商、零部件制造商、总装集成商、销售服务商等各个环节的企业。通过加强沟通协调、优化资源配置、共享市场信息等方式，实现产业链上下游企业的协同发展。这种紧密的合作关系可以降低交易成本、提高生产效率、增强抗风险能力，为产业的整体发展创造有利条件。

（2）推动产业链延伸与拓展

在加强上下游企业合作的基础上，深圳还应积极推动产业链的延伸与拓展。这包括向产业链上下游的延伸以及向相关产业的拓展。例如，可以向上游延伸至原材料的研发和生产领域，提高原材料的自主供应能力；向下游延伸至赛事运营、旅游观光、教育培训等相关产业领域，拓展海洋运动产业的产业链条和业务范围。通过产业链的延伸与拓展，可以进一步挖掘产业潜力、拓展市场空间、提升产业附加值。

2. 构建产业生态体系

（1）完善产业配套服务

为构建完善的海洋运动产业生态体系，深圳应加强产业配套服务的建设。这包括金融服务、物流服务、信息服务、法律服务等多个方面。通过提供便捷、高效、全面的配套服务，降低企业的运营成本和市场风险，提升企业的竞争力和盈利能力。同时，这些配套服务还可以促进产业链上下游企业的紧密合作和协同发展，为产业生态体系的形成提供有力支撑。

（2）促进产业集聚与协同发展

深圳应积极推动海洋运动产业的集聚发展，通过建设产业园区、打造产业集群等方式，促进相关企业和资源的集中布局和协同发展。在产业园区内，可以形成完整的产业链条和生态体系，实现资源共享、优势互补、互利共赢。同时，产业园区还可以为入驻企业提供良好的营商环境和发展平台，吸引更多的企业和资本投入海洋运动产业领域。通过产业集聚与协同发展，可以进一步提升深圳海洋运动产业的竞争力和影响力。

（三）政策支持与引导

1. 完善政策体系，加大扶持力度

（1）制定针对性强的政策措施

深圳应根据海洋运动产业的发展特点和实际需求，制定一系列针对性强、操作性强的政策措施。这些政策措施可以涵盖产业规划、财政扶持、税收优惠、土地使用等多个方面。通过明确政策导向和扶持重点，为海洋运动产业的发展提供有力的政策支持和保障。

（2）加大财政扶持力度

在完善政策体系的基础上，深圳应进一步加大财政扶持力度，为海洋运动产业的发展提供充足的资金支持。这可以包括设立专项基金、提供贷款贴息、给予税收减免等多种形式的财政扶持措施。这些措施的实施可以降低企业的运营成本，鼓励企业进行技术创新和产业升级，促进海洋运动产业的快速发展。

（3）强化政策执行与监督

为确保政策的有效执行，深圳还需建立健全的政策执行与监督机制。这包括明确政策执行的责任主体、制订详细的执行计划和时间表、建立定期评估与反馈机制等。同时，加强对政策执行情况的监督检查，及时发现和纠正政策执行中的问题，确保政策能够真正落地生效，为海洋运动产业的发展提供坚实的政策保障。

2. 优化营商环境，吸引投资与人才

（1）简化审批流程，提高行政效率

深圳应持续优化营商环境，通过简化审批流程、提高行政效率等方式，降低企业的运营成本和时间成本。具体做法包括推行"一站式"服务、实行并联审批、加快电子政务建设等。通过这些措施的实施，可以为企业提供更加便捷、高效的服务，增强企业的获得感和满意度，吸引更多的企业和人才投入海洋运动产业。

（2）加强人才引进与培养

人才是海洋运动产业发展的重要支撑。深圳应加大对海洋运动产业人才的引进与培养力度，通过制定优惠的人才政策、建设高水平的人才培养基地、举办高水平的学术交流活动等方式，吸引和留住一批具有国际视野和创新能力的高素质人才。同时，加强与高校、科研机构等的合作与交流，推动产学研深度融合，为海洋运动产业的发展提供源源不断的人才支持。

（3）完善基础设施与公共服务

基础设施与公共服务的完善是优化营商环境的重要方面。深圳应加大对海洋运动产业基础设施建设的投入力度，包括建设高标准的海洋运动场馆、完善交通网络、提升信息化水平等。同时，加强公共服务体系建设，包括提供优质的赛事服务、旅游服务、教育培训服务等，为海洋运动产业的发展创造更加良好的外部环境。通过这些措施的实施，可以进一步提升深圳海洋运动产业的吸引力和竞争力，推动产业向更高水平发展。

第三节 深圳海洋运动产业的产业集聚与集群发展

在全球化与区域经济一体化的背景下，产业集聚与集群发展已成为推动产业升级、提升区域竞争力的重要途径。深圳海洋运动产业正逐步形成特色鲜明的产业集聚与集群发展态势，为产业的进一步壮大提供了有力支撑。

一、深圳海洋运动产业的产业集聚现状

（一）主要集聚区分析

1. 东部滨海区域

深圳东部滨海区域拥有较好的自然条件和海洋资源，成为海洋运动产业的重要集聚地。这一区域不仅拥有绵延的海岸线、清澈的海水和细腻的沙滩，还具备完善的旅游配套设施和便捷的交通网络，十分便于海洋运动产业的发展。近年来，随着深圳国际海洋周的举办、各类海洋运动赛事的引入以及海洋运动俱乐部的兴起，东部滨海区域逐渐形成了以水上运动、潜水探险、沙滩休闲等为主的海洋运动产业集聚区。这些产业活动不仅丰富了市民的文化生活，也带动了周边住宿、餐饮、零售等相关产业的发展，形成了良好的产业生态。

在东部滨海区域的产业集聚过程中，政府也发挥了积极作用。通过规划引导、政策扶持和市场监管等手段，政府促进了海洋运动产业的合理布局和有序发展。例如，政府投资建设了一批高质量的海洋运动设施，如水上运动中心、潜水基地等，为产业发展提供了坚实的基础设施保障；同时，政府还加大了对海洋运动赛事的引进和培育力度，通过举办高水平的国际赛事，提升了深圳海洋运动产业的知名度和影响力。

2. 西部港口与科技创新走廊

深圳西部港口与科技创新走廊，则是海洋运动产业与科技创新深度融合的典范。这一区域依托深圳港口的强大物流能力和丰富的科技创新资源，形成了集海洋装备制造、海洋技术研发、海洋信息服务等于一体的海洋运动产业集聚区。在这里，海洋运动装备制造企业可以利用港口的便利条件，实现原材料的快速进口和产品的快速出口；同时，企业还可以与周边的科研机构、高校等建立紧密的合作关系，共同开展海洋技术研发和创新活动。

西部港口与科技创新走廊的产业集聚，不仅促进了海洋运动产业的技术进步和产业升级，还带动了相关产业链上下游企业的协同发展。例如，海洋运动装备制造企业可以向上游延伸至原材料供应、零部件制造等环节，与供应商建立长期稳定的合作关系；同时，企业还可以向下游延伸至赛事运营、旅游观光等领域，拓展业务范围和市场空间。这种上下游企业的紧密合作和协同发展，进一步增强了产业集聚的效应和优势。

（二）集聚效应评估

1. 资源共享与成本降低

产业集聚带来的首要效应是资源共享与成本降低。在产业集聚区内，企业可以共享基础设施、公共服务平台等资源，从而降低单个企业的运营成本。例如，在东部滨海区域，多家海洋运动俱乐部可以共同使用同一片海域进行训练和比赛，避免了资源的浪费和重复建设；同时，这些俱乐部还可以共享游客资源，通过联合推广和联合营销等方式，吸引更多的游客参与海洋运动活动。产业集聚还促进了信息的流通和共享，企业可以及时了解市场动态和技术发展趋势，从而做出更加科学合理的决策。

在西部港口与科技创新走廊，资源共享的效应同样显著。企业可以通过与科研机构、高校等的合作，共享研发设备、实验数据等资源，降低研发成本和时间成本；同时，企业还可以利用港口的物流优势，实现原材料的快速采购和产品的快速出口，降低物流成本和市场风险。这种资源共享的效应不仅提升了企业的运营效率和市场竞争力，还促进了整个产业的健康发展。

2. 创新氛围与协同效应

产业集聚还带来了浓厚的创新氛围和显著的协同效应。在产业集聚区内，企业之间形成了紧密的合作关系和竞争关系，这种关系促进了企业的技术创新和产业升级。企业为了保持竞争优势和市场份额，不得不加大研发投入和技术创新力度；同时，企业之间还可以通过合作研发、技术交流等方式实现资源共享和优势互补，共同推动产业的技术进步和产业升级。

在东部滨海区域和西部港口与科技创新走廊两个产业集聚区内，都形成了浓厚的创新氛围和显著的协同效应。东部滨海区域通过举办各类海洋运动赛事和活动，吸引了大量国内外游客和媒体的关注；同时，区域内的企业也积极参与赛事的组织和运营工作，通过实践锻炼和经验积累不断提升自身的专业能力和服务水平。这种实践与创新相结合的方式不仅推动了海洋运动产业的快速发展，还提升了整个产业的品牌形象和市场影响力。

西部港口与科技创新走廊则更加注重科技创新和技术研发。区域内的企业与科研机构、高校等建立了紧密的合作关系共同开展海洋技术研发和创新活动。通过产学研深度融合和协同创新机制的建立，区域内的企业得以不断突破技术瓶颈，实现技术创新和产业升级。这种创新氛围和协同效应不仅提升了企业的核心竞争力和市场地位，还推动了整个产业的持续健康发展。

二、深圳海洋运动产业集群发展策略

在深圳海洋运动产业已初步形成集聚态势的基础上，进一步推动集群化发展，对于提升产业竞争力、促进产业升级具有重要意义。以下将从强化集群内部合作、提升集群创新能力、拓展国际市场三个方面，详细阐述深圳海洋运动产业集群发展的策略。

（一）强化集群内部合作

1. 建立集群协作机制

集群内部的有效合作是集群发展的基础。深圳海洋运动产业集群应通过建立完善的协作机制，促进集群内企业之间的信息共享、资源共享和合作创新。可以成立由集群内核心企业、行业协会、科研机构等组成的集群发展协调委员会，负责协调集群内部事务，制定集群发展规划和政策措施，推动集群内企业之间的合作与交流。同时，建立集群信息平台，实现集群内企业信息的互联互通，降低信息获取成本，提高合作效率。

在协作机制的具体实施中，应注重以下几点：一是明确协作目标和任务，确保集群内企业能够围绕共同目标开展合作；二是建立健全的沟通渠道和协调机制，及时解决合作中遇到的问题和困难；三是强化信用体系建设，建立企业信用档案和评价体系，规范企业行为，降低合作风险。通过这些措施的实施，可以构建起一个紧密合作、互利共赢的集群生态体系。

2. 推动产业链上下游整合

产业链上下游的整合是提升集群整体竞争力的关键。深圳海洋运动产业集群应积极推动产业链上下游企业的整合与合作，形成完整的产业链条和价值链体系。可以通过以下几种方式实现：一是加强上下游企业之间的沟通与协作，建立长期稳定的合作关系；二是鼓励和支持上下游企业之间的并购重组和战略合作，实现资源的优化配置和共享；三是推动产业链延伸和拓展，鼓励企业向产业链上下游延伸发展，形成多元化、综合性的产业集群。

在推动产业链上下游整合的过程中，应注重以下几点：一是注重产业链的完整性和协同性，确保各个环节之间的顺畅衔接和高效运转；二是注重产业链的可持续发展性，推动绿色、低碳、环保的生产方式和技术应用；三是注重产业链的创新性，鼓励企业加大研发投入和技术创新力度，推动产业链不断升级和转型。通过实施这些措施，构建一个高效协同、可持续发展的海洋运动产业集群。

（二）提升集群创新能力

1.建设公共服务平台

公共服务平台是提升集群创新能力的重要支撑。深圳海洋运动产业集群应建设一批高水平的公共服务平台，为集群内企业提供技术研发、测试验证、信息咨询、人才培训等全方位的服务。具体而言，可以建设海洋运动技术研发中心、测试验证中心、信息中心等公共服务平台，为企业提供先进的技术研发手段和测试验证环境；同时，建设人才培训中心和教育基地，为集群内企业培养高素质的技术人才和管理人才。

在公共服务平台的建设过程中，应注重以下几点：一是注重平台的先进性和实用性，确保平台能够满足企业的实际需求；二是注重平台的开放性和共享性，鼓励企业和社会力量共同参与平台的建设和运营；三是注重平台的可持续发展性，建立长效的运营机制和资金保障机制，确保平台的持续稳定运行。通过这些措施的实施，可以构建起一个功能完善、服务高效的公共服务平台体系，为集群内企业的技术创新和产业升级提供有力支撑。

2.引进高端人才与科研机构

高端人才和科研机构是提升集群创新能力的核心要素。深圳海洋运动产业集群应加大引进高端人才和科研机构的力度，吸引国内外优秀人才和科研机构入驻集群。深圳市可以通过制定优惠的人才政策和科研政策，提供良好的工作和生活环境以及充足的研发经费支持；同时，加强与国内外知名高校和科研机构的合作与交流，共同开展海洋运动技术研发和创新活动。

在引进高端人才和科研机构的过程中，应注重以下几点：一是注重人才的多样性和互补性，引进不同领域、不同背景的优秀人才和科研机构；二是注重人才的稳定性和持续性，建立长效的人才引进和培养机制；三是注重科研成果的转化和应用，推动科研成果向现实生产力转化。通过实施这些措施，构建一个人才济济、科研实力雄厚的海洋运动产业集群创新体系。

（三）开展海洋运动教育与国际合作

深圳海洋运动教育与国际合作的深度融合，通过构建开放包容的国际合作网络，提升了自身在海洋领域的竞争力，也为全球海洋治理、增进人类福祉贡献了深圳力量。未来，随着更多国际合作项目的落地和深化，深圳将更加自信地站在世界海洋舞台的中央，引领海洋运动教育与科技发展的新潮流。

1. 加强海洋教育课程的开发，建立国际海洋运动交流合作平台

深圳可以通过加强学校和社区的海洋运动教育，培养青少年对海洋的兴趣和热爱。开设海洋运动教育课程，组织海洋科普活动，引导学生亲近海洋、认识海洋、保护海洋。同时，邀请国际知名海洋教育机构和专家来深圳交流，举办国际海洋运动教育论坛、研讨会等活动，引进国外优秀海洋教育专家来深授课和交流经验，建立海洋运动教育师资队伍，共同培养具备国际视野的海洋运动与科学复合型人才，通过互派访问学者、联合研究、学生交换等方式，搭建起学术与文化交流的桥梁，促进国际的海洋运动教育交流与合作，推动深圳海洋运动教育的国际化进程，共同探讨海洋教育的发展方向和策略，提高海洋运动教育的专业化水平和影响力[1]。

2. 开展国际海洋运动活动与赛事

组织丰富多彩的海洋运动活动与赛事，吸引更多人参与海洋运动并了解海洋。举办海洋运动节、海洋运动展览、海上音乐节等活动，丰富市民的文化生活，提高海洋运动在社会中的影响力。通过国际合作，吸引国际一流的海洋运动赛事和活动来深举办，推动深圳海洋运动产业的发展。

（1）国际认证与培训体系

引进国际海洋运动协会的认证课程，设立培训中心，提供标准化、国际认可的技能培训和考核，提升深圳海洋运动教育的国际专业度，吸引国内外学员参与，培养具有国际资质的教练员和裁判队伍。

（2）联合举办国际海洋运动赛事与论坛

深圳主动承办或联办国际级帆船赛、冲浪赛、潜水节等海洋运动赛事，以及海洋保护、海洋教育国际论坛，邀请全球海洋运动精英、学者共聚深圳，促进技术交流，增进国际友谊，提高深圳海洋运动教育的国际影响力。

（四）持续推动产业升级

在深圳海洋运动产业集群的发展进程中，持续推动产业升级是保持其竞争力和活力的关键所在。产业升级不仅意味着技术层面的革新，更涵盖了产业链条的延伸与产业结构的优化，为集群的长期发展奠定坚实基础。

1. 深化技术创新，提升产品竞争力

（1）加大研发投入，鼓励自主创新

技术创新是产业升级的核心驱动力。深圳海洋运动产业集群应加大对技术研发

---

1 廖远涛，任建业，佟殿君."大洋底构造地质学"课程国际化建设探析 [J]. 教育教学论坛，2022(49):90-93.

的投入，鼓励企业建立自主研发机构，吸引和培养高水平科研人才。政府可通过设立专项基金、税收减免等政策措施，激发企业的创新活力。同时，加强与高校、科研院所的合作，构建产学研用紧密结合的创新体系，加速科技成果的转化和应用。通过持续的技术创新，不断提升产品的技术含量和附加值，增强市场竞争力。

（2）推动智能化改造，提升生产效率

随着人工智能、大数据等技术的快速发展，智能化改造已成为产业升级的重要方向。深圳海洋运动产业集群应积极引进和应用智能化设备和技术，对生产线进行智能化升级，提高生产效率和产品质量。例如，利用物联网技术实现生产过程的实时监控和数据分析，优化生产流程；通过智能机器人、自动化生产线等设备的应用，减少人工干预，提高生产精度和效率。智能化改造不仅有助于降低生产成本，还能提升产品的个性化定制能力，满足市场多元化需求。

2. 拓展产业链条，丰富产业结构

（1）延伸产业链上下游

拓展产业链条是丰富产业结构、提升集群整体竞争力的有效途径。深圳海洋运动产业集群应积极向上游原材料供应、中游产品设计制造、下游市场营销及服务等环节延伸，形成完整的产业链条。通过整合上下游资源，实现供应链的优化和协同，降低交易成本，提高整体运营效率。同时，鼓励和支持企业向产业链高端环节攀升，如加强新材料、新技术的研发和应用，提升产品设计和品牌影响力等，以增强集群的核心竞争力。

（2）培育新兴产业领域

在拓展产业链条的基础上，深圳海洋运动产业集群还应积极培育新兴产业领域，如海洋体育旅游、海洋文化教育等。这些新兴产业领域不仅能够丰富产业集群的内涵和外延，还能为集群带来新的增长点和发展动力。例如，通过开发海洋体育旅游项目，吸引更多游客参与海洋运动体验，促进旅游消费和经济增长；通过举办海洋文化节、海洋运动赛事等活动，弘扬海洋文化精神，提升公众对海洋运动的认知度和参与度。新兴产业的培育和发展将进一步推动深圳海洋运动产业集群的多元化和可持续发展。

（五）加强区域协同发展

区域协同发展是推动深圳海洋运动产业集群高质量发展的重要保障。通过加强区域间的合作与交流，促进资源要素的自由流动和优化配置，实现区域经济的优势互补和互利共赢。

1. 强化粤港澳大湾区区域合作，促进海洋运动产业资源流动

在推动深圳海洋运动产业集群的高质量发展过程中，区域协同发展扮演了至关重要的角色。粤港澳大湾区的合作与交流为海洋运动产业提供了宝贵的机遇，通过强化区域间的合作，能够有效促进资源要素的自由流动和优化配置，从而实现区域经济的优势互补和互利共赢。

粤港澳大湾区内的经济体具有显著的互补性。深圳作为技术创新和制造业的先驱，具备先进的海洋运动装备研发和生产能力；香港在国际金融、市场营销和物流方面具备强大的优势；而澳门则以其独特的旅游资源和消费市场，为海洋运动产业的市场拓展提供了丰富的机会。这种多样化的资源和优势结合在一起，有助于推动整个产业的协调发展。通过建立区域合作平台，可以实现资源的共享和优化配置，推动海洋运动产业在大湾区内的全面发展。

区域合作的深化，有助于推动海洋运动产业的技术创新和产业升级。深圳的科技创新能力可以与香港的研发资源相结合，共同开发新型海洋运动装备。此举不仅能提升产品的技术水平，还能加快技术的市场转化。此外，澳门的旅游市场需求可以为深圳的海洋运动产品提供新的应用场景和市场机会，从而促进产业的市场扩展和品牌提升。通过区域内的协同创新，可以不断推动产业技术的进步和产品的更新换代。

通过优化产业链和供应链的协作，区域合作能够提升海洋运动产业的整体效率和竞争力。深圳在海洋运动装备的生产和制造方面具有优势，香港可以在设计、品牌推广和国际市场开拓方面发挥作用，而澳门则能够通过旅游业和消费市场的带动，推动产品的市场需求。通过构建紧密的产业链条和高效的供应链网络，能够有效减少资源浪费和生产成本，提高产业的整体效益。

在粤港澳大湾区的区域合作框架下，深圳海洋运动产业能够充分发挥大湾区的资源优势，实现技术创新、市场拓展和产业升级的多重目标。这种合作模式不仅有助于提升产业的全球竞争力，还能推动区域经济的协同发展，创造互利共赢的局面。

2. 构建粤港澳大湾区区域协同创新体系

构建粤港澳大湾区区域协同创新体系是推动深圳海洋运动产业高质量发展的关键举措。在全球化背景下，单一城市的创新能力已难以满足产业快速发展的需求，而粤港澳大湾区的协同发展则为产业创新提供了新的契机。

粤港澳大湾区区域协同创新体系的建立，旨在整合湾区内各城市的创新资源，形成合力，共同推动产业技术进步。这一体系的构建，不仅有助于提升整个大湾区的创新能力，还能为深圳海洋运动产业带来更为广阔的发展空间。

在构建这一体系的过程中，需要注重创新资源的共享与整合。通过搭建创新平台，促进科研设备、技术和人才的共享，可以有效降低创新成本，提高创新效率。同时，各城市之间的紧密合作，也能够加速创新成果的转化和应用，推动产业技术的升级换代。

另外，构建粤港澳大湾区区域协同创新体系还需要加强产学研用深度融合。通过促进高校、科研机构和企业之间的合作，可以推动科研成果的产业化，进而提升整个产业的竞争力。这种深度融合不仅能够为深圳海洋运动产业提供更多创新产品和技术，还能培养更多具备创新精神和实践能力的人才。

在构建粤港澳大湾区区域协同创新体系的过程中，政府、企业和社会各界需要共同努力，形成合力。政府应提供政策支持和资金扶持，推动企业加强研发投入和技术创新；企业应积极参与创新活动，加强与高校和科研机构的合作；社会各界也应关注和支持产业创新，形成良好的创新氛围。

通过构建粤港澳大湾区区域协同创新体系，可以推动深圳海洋运动产业实现高质量发展，提升整个大湾区的创新能力和竞争力。这一体系的构建将为深圳海洋运动产业的创新发展注入新的动力，推动产业向更高层次、更广领域迈进。

（六）构建海洋体育产业链

1. 发展多样化的海洋体育项目，重点打造品牌赛事项目

深圳全力推进海洋体育的多元化布局，精心打造全球海洋运动中心。深圳市政府通过发布相关文件，明确了海洋体育作为城市发展的重要一环，规划了海洋体育赛事、基地建设，推动了产业布局。核心项目包括帆船、冲浪、潜水等，通过构建国际级赛事，吸引国内外专业人士及运动爱好者广泛参与，孕育海洋体育品牌。

（1）帆船赛事领域

深圳表现极为突出，中国杯帆船赛已然成为亚太区极具标志性的赛事，每年都会引得全球顶尖队伍齐聚深圳，这不单展现出了城市的卓越风采，也增进了帆船运动的国际知名度。

（2）冲浪赛事领域

深圳凭借着优越的海域条件，举行冲浪赛事，吸引了国内外众多冲浪爱好者，为城市增添了动感与活力，且逐步培育出了冲浪文化。

（3）潜水项目领域

杨梅坑有着秀美的海湾以及清澈的海水，景致迷人。这里的海域生态环境优良，生活着各种海洋生物，像是彩色珊瑚、热带鱼等，给潜水者提供了丰富的观赏体验。杨梅坑潜水适合初学者，有部分浅水区可供初学者进行潜水体验，能让他们在相对

安全的环境里感受潜水的乐趣。

西冲有多个潜水点，涵盖了适合初学者的浅水区以及适合具有丰富经验的潜水者的深水区，可以满足不同人群的需求。该地区的海洋生态系统比较丰富，潜水者能够看到各类海洋生物以及珊瑚礁。除了潜水，西冲还拥有美丽的海滩以及完善的度假设施，为游客提供了更多休闲选择。

大梅沙，位于盐田区，交通十分便利，是深圳市区内较方便抵达的潜水地点之一。这里有一片浅水区适合初学者体验潜水，能让人轻松尝试潜水的乐趣，且周边设施完备，大梅沙周边配备有餐饮、住宿等设施，方便游客在潜水后进行休息和娱乐。

推动海洋体育运动发展的关键举措就是发展多样化的海洋体育项目，吸引国内外专业运动员和爱好者参与，进而形成品牌赛事。发展多样化的海洋体育项目能够满足不同人群的需要。帆船运动能够培养团队精神，冲浪运动可以让人感受到海洋的力量，潜水运动能够使人了解海洋生态系统，海钓运动能够让人享受大自然的宁静。吸引国内外专业运动员和爱好者参与能够提升海洋体育运动的水平和影响力。国内外专业运动员的参与会带动更多人加入，提升竞技水平。爱好者的参与会增加群众基础，让更多人了解和喜爱海洋体育运动。品牌赛事能够提高海洋体育运动的知名度和商业价值，带动相关产业发展，推动地方经济的进步。

2. 海洋运动装备制造与研发

深圳的海洋运动装备制造与研发正向高端化、智能化和绿色环保的方向迈进。依靠城市的科技实力和政策引导，深圳不仅满足国内需求，还面向全球市场，展现出强大的发展潜力和国际竞争力。深圳应继续发挥自身优势，吸引更多国际一流的海洋运动装备企业入驻，并加强与科研机构的合作，推动海洋运动装备技术的研发。同时，加强海洋运动装备产业链的建设，促进产业协同发展，培育人才队伍，推动产业的长期发展和壮大。深圳有望打造出具有国际竞争力的海洋运动装备产业集群[1]，为经济发展和海洋体育事业的繁荣做出更大贡献。

（1）技术创新引领发展

深圳作为中国南方的科技创新中心，正凭借其雄厚的制造业基础和海洋资源优势，加快海洋运动装备产业的升级步伐。这一过程旨在打造高端、智能化的海洋运动设备。深圳在电子信息技术、新材料、智能制造等领域的技术积累，为海洋运动装备的创新提供了坚实的基础。通过采用碳纤维复合材料等先进材料，深圳研发出轻量化、高强度的帆板和冲浪板。同时，集成智能感应装置的潜水装备，不仅提升

---

1 彭洲红，孔玉寒. 我国制造业发展思路探析：基于北京等 9 个城市"十四五"规划对制造业发展诉求的研究 [J]. 改革与开放，2021(19):16-23.

了运动体验，还增强了安全性。

（2）产业聚集效应凸显

深圳已在盐田、南山等区域形成了海洋装备产业的集聚区，吸引了众多国内外海洋体育装备企业。这些区域的产业链涵盖研发、设计、生产、销售等各个环节，形成了一体化的产业生态，有利于资源共享、技术交流和市场开拓。

（3）政策扶持推动发展

深圳市政府出台了一系列政策，包括财政补贴、税收优惠、研发资助等，以鼓励海洋运动装备制造业的创新和技术改造，特别是对自主研发设计的支持，加速了关键技术的突破和国产替代的进程。

（4）市场需求持续旺盛

随着海洋运动在国内的普及，深圳凭借其地理优势，迅速捕捉并满足市场需求。从入门级到专业级装备，深圳开发出了适应不同层次消费者的产品，满足了日益增长的个性化和定制化需求。

第五章　深圳海洋运动产业的技术创新

技术创新是推动产业进步和提升竞争力的重要驱动力。本章将探讨技术创新对深圳海洋运动产业的影响、当前技术创新的现状以及技术创新在产业中的应用情况。通过分析技术创新的具体表现和应用，评估其对产业发展的作用与效果，并探讨如何进一步促进技术创新，以提升深圳海洋运动产业的整体水平和市场竞争力。

第一节　技术创新对深圳海洋运动产业的影响

一、提升产业竞争力

在快速变化的全球经济环境中，技术创新已成为推动产业升级和增强竞争力的核心驱动力。深圳作为中国改革开放的前沿阵地，其海洋运动产业在技术创新的浪潮中更是展现出了蓬勃的发展态势。技术创新不仅为深圳海洋运动产业注入了新的活力，更在多个方面显著提升了该产业的竞争力。

（一）增强产品差异化

1. 技术创新推动产品功能升级

一方面，技术创新是推动海洋运动产品功能升级的关键力量。随着科技的进步，深圳的海洋运动装备制造商不断引入新技术、新材料，对产品进行迭代升级。例如，在潜水装备领域，通过引入先进的材料科学技术，潜水服不仅变得更加轻便、舒适，还具备了更好的保温、防水和抗压性能。此外，智能穿戴设备的应用也极大地丰富了潜水装备的功能，如心率监测、深度记录、气压预警等，为潜水爱好者提供了更为全面、精准的数据支持。这些技术上的创新不仅提升了产品的使用体验，更使深圳的海洋运动装备在全球市场上具备了独特的竞争优势。

另一方面，技术创新还推动了海洋运动器材的智能化发展。在帆船运动领域，智能帆板、智能舵机等设备的出现，使帆船能够根据风向、水流等自然条件自动调整姿态，极大地提高了航行效率和安全性。这些智能化设备的应用，不仅降低了帆船运动的门槛，让更多人能够享受到帆船运动的乐趣，也推动了帆船运动在全球范围内的普及和发展。深圳作为中国乃至全球重要的海洋运动装备生产基地，其技术创新成果在全球市场上得到了广泛的认可和应用。

2. 差异化产品满足多元化市场需求

技术创新不仅推动了产品功能的升级，还促进了产品差异化的发展。深圳的海洋运动产业通过深入了解市场需求，针对不同消费群体开发出了一系列具有差异化特点的产品。例如，在专业运动装备领域，深圳的海洋运动装备制造商注重产品的专业性和高性能，通过引入先进的科技元素，打造出了一系列符合国际比赛标准的高端装备。这些产品不仅满足了专业运动员对于速度、力量、耐用性等方面的极致追求，也帮助他们在国际赛场上取得了优异的成绩。

在大众消费市场，深圳的海洋运动产业更加注重产品的实用性和趣味性。通过技术创新，深圳的海洋运动装备制造商开发出了一系列适合普通消费者使用的海洋运动装备和器材。这些产品不仅价格亲民、易于操作，还融入了时尚元素和娱乐功能，使海洋运动不再是遥不可及的高端运动，而是成为大众休闲娱乐的新选择。这种差异化的发展策略不仅满足了不同消费群体的需求，也进一步拓展了深圳海洋运动产业的市场空间。

（二）促进产业升级转型

1. 从低附加值向高附加值转变

技术创新是推动深圳海洋运动产业从低附加值向高附加值转变的重要动力。在过去，深圳的海洋运动产业主要依赖于低成本的劳动力和资源密集型生产方式，产品附加值较低。随着科技的不断进步和市场竞争的加剧，这种传统的发展模式已经难以为继。深圳的海洋运动产业开始积极寻求技术创新和产业升级的路径，通过引入新技术、新工艺和新材料，不断提升产品的技术含量和附加值。

从游艇制造业来看，深圳制造业及高科技产业发达，为游艇制造特别是配件制造提供了基础。深圳是设计之都，在游艇设计方面具有良好基础，因此可以为游艇制造业提供丰富的设计资源。在低端制造业不断搬迁的当下，深圳依然可以通过设计游艇参与到游艇制造中来。虽然目前深圳的游艇制造企业在国内不占优势，但深圳有较好的制造企业发展环境。例如，在游艇制造领域，深圳的企业通过引入先进的数字化设计技术和智能制造技术，实现了游艇的个性化定制和高效生产。这种生产方式不仅提高了游艇的品质和性能，还使游艇的价格更加合理、亲民，从而吸引了更多消费者的关注和购买。

同时，技术创新还促进了深圳海洋运动产业向服务化、智能化方向转型。通过构建智能化的服务平台和提供全方位的服务支持，深圳的海洋运动产业不仅满足了消费者对于高品质产品和服务的需求，还实现了从产品制造商向服务提供商的角色转变。这种转型不仅提高了产业的附加值和盈利能力，还增强了产业的可持续发展能力。

2. 优化产业结构，提升整体效能

技术创新在优化深圳海洋运动产业结构、提升整体效能方面也发挥了重要作用。通过技术创新，深圳的海洋运动产业逐渐形成了以高技术含量、高附加值产品为主导的产业结构。这种产业结构不仅提高了产业的竞争力和盈利能力，还促进了产业链上下游企业的协同发展。例如，在海洋运动装备制造领域，深圳的企业通过技术创新和产业升级，不仅提升了自身的生产能力和技术水平，还带动了上游原材料供应商和下游销售渠道的发展。这种协同效应不仅促进了整个产业链的健康发展，还提高了整个产业的运行效率和经济效益。

技术创新还促进了深圳海洋运动产业与其他相关产业的融合发展。例如，在文化旅游领域，深圳的海洋运动产业通过与旅游产业的深度融合，开发出了一系列具有海洋特色的旅游产品和项目。这些产品和项目不仅吸引了大量游客前来体验和消费，还促进了当地经济的繁荣和发展。这种跨产业的融合发展不仅拓展了深圳海洋运动产业的市场空间和发展潜力，还提高了整个产业的综合竞争力和影响力。

二、驱动市场扩张

在技术创新的浪潮中，深圳海洋运动产业不仅实现了产品与服务的升级，更在市场的广度和深度上实现了前所未有的扩张。这种扩张不仅体现在新市场的开拓上，也体现在品牌影响力的显著提升上，共同构成了深圳海洋运动产业蓬勃发展的生动图景。

（一）开拓新市场领域

1. 技术创新引领新兴市场趋势

技术创新是深圳海洋运动产业开拓新市场领域的核心驱动力。随着科技的进步，海洋运动领域涌现出了一系列新兴技术和应用，这些技术和应用不仅改变了传统海洋运动的方式，更催生了一系列全新的市场机会。例如，VR 和 AR 技术的快速发展，为海洋运动爱好者提供了前所未有的沉浸式体验。通过佩戴 VR 头盔，用户在家中就能体验到深海潜水的刺激与震撼，或是模拟帆船比赛中的风驰电掣。这种技术的引入，不仅满足了用户对于新奇体验的追求，更为海洋运动产业开辟了一个全新的市场空间。

智能化技术的广泛应用也为海洋运动产业带来了新的增长点。智能穿戴设备、智能导航系统等高科技产品的出现，使海洋运动变得更加安全、便捷和高效。这些产品不仅能够实时监测用户的运动数据，提供个性化的训练建议，还能够在紧急情况下迅速发出求救信号，保障用户的安全。这些技术创新不仅提升了海洋运动的参与感和体验度，也吸引了更多潜在消费者的关注，从而推动了市场的进一步扩张。

2. 跨界融合创造新的增长点

跨界融合是深圳海洋运动产业开拓新市场领域的另一重要途径。通过与其他行业的深度融合，海洋运动产业能够创造出全新的应用场景和商业模式，为市场注入新的活力。例如，与旅游业的融合，使海洋运动成为旅游度假的重要组成部分。深圳凭借其城市魅力吸引了大量游客前来体验潜水、冲浪、帆船等海洋运动项目。这些项目的引入不仅丰富了旅游产品的种类，也提升了旅游度假的品质和吸引力。

同时，海洋运动产业还与体育、娱乐、教育等多个行业实现了跨界融合。例如，通过与体育赛事的结合，海洋运动赛事成为展示城市形象、推动体育产业发展的重要平台；通过与娱乐产业的融合，海洋运动相关的综艺节目、电影等作品层出不穷，吸引了大量观众的关注和喜爱；通过与教育产业的结合，海洋运动成为青少年培养团队精神、锻炼意志品质的重要途径。这些跨界融合不仅为海洋运动产业带来了新的增长点，也促进了相关行业的协同发展。

（二）提升品牌影响力

1. 技术创新塑造品牌形象

技术创新在塑造深圳海洋运动产业品牌形象方面发挥着重要作用。通过不断引入新技术、新材料和新工艺，深圳的海洋运动企业能够生产出更加优质、高效、环保的产品和服务，从而赢得消费者的信任和认可。例如，在潜水装备领域，深圳企业通过采用先进的材料和技术，研发出了具有更高耐压性、更好保暖性和更轻便舒适的潜水服和潜水装备。这些产品的推出不仅提升了用户的潜水体验，也彰显了企业在技术创新方面的实力和优势。

技术创新还推动了海洋运动产业服务模式的创新。通过引入智能化、个性化的服务模式，企业能够更好地满足消费者的多元化需求，提升服务质量和效率。例如，一些海洋运动俱乐部通过引入智能预约系统、在线教学平台等智能化服务工具，实现了服务的便捷化和高效化；同时，通过提供个性化的训练计划和教练服务，满足了不同消费者的个性化需求。这些服务模式的创新不仅提升了消费者的满意度和忠诚度，也进一步巩固了企业在市场中的品牌形象和地位。

2. 品牌国际化战略的实施

品牌国际化是深圳海洋运动产业提升品牌影响力、拓展国际市场的关键举措。随着全球化进程的加速和国际贸易的不断发展，越来越多的中国企业开始将目光投向国际市场。深圳的海洋运动企业也不例外，它们通过实施品牌国际化战略，积极参与国际竞争和合作，不断提升自身的国际影响力和竞争力。

在实施品牌国际化战略的过程中，深圳的海洋运动企业注重与国际知名品牌的合作与交流。通过与国际知名品牌的合作，企业能够学习到先进的品牌管理经验和营销策略，提升自身的品牌管理水平和市场运营能力；同时，通过与国际知名品牌的联合推广和营销活动，企业能够扩大自身的品牌知名度和影响力，吸引更多国际消费者的关注和认可。

深圳的海洋运动企业还注重在国际市场上树立自身的品牌形象和特色。它们通过深入了解不同国家和地区的市场需求和文化差异，制订符合当地市场特点的品牌传播策略和产品推广计划；同时，通过积极参与国际展会、体育赛事等活动，展示自身的品牌实力和产品优势，提升品牌在国际市场上的知名度和美誉度。这些举措不仅有助于企业拓展国际市场、提升品牌影响力，也为深圳海洋运动产业的国际化发展奠定了坚实的基础。

第二节 深圳海洋运动产业的技术创新现状

一、企业技术创新成效显著

（一）企业研发投入情况

1. 重点企业研发投入占比分析

深圳的海洋运动产业在技术研发方面的投入显著增加，尤其是一些重点企业的表现尤为突出。华为、中兴通讯等公司在海洋运动技术领域积极投入研发资源。重点企业在智能穿戴设备、运动传感器等领域的研发投入不断增加，这些企业的研发投入占其总研发预算的比例逐年上升。

例如，华为在智能穿戴设备和运动传感器技术方面设立了专门的实验室，集中力量开发新一代智能手表和运动监测设备。这些设备在海洋运动中的应用极大地提升了运动员的训练效率和安全性，获得了市场的认可。

2. 研发投入增长趋势预测

深圳海洋运动产业的研发投入在未来几年预计将继续保持增长态势。根据深圳市政府的规划，未来，深圳市在海洋运动技术研发上的总体投入将保持显著的增长率。这一增长趋势不仅反映了政府对技术创新的重视，也表明企业对技术研发的持续投入和市场前景的看好。

华为计划在未来三年内增加海洋运动相关技术的研发预算，特别是在智能穿戴设备和数据分析技术的研发上。中兴通讯同样计划在海洋运动数据分析技术方面增加研发投入，开发更先进的数据分析平台和工具，为海洋运动项目提供更精准和高效的技术支持。

（二）技术创新成果展示

1. 核心技术专利数量增多

深圳的海洋运动产业在技术创新方面取得了显著成果，特别是在核心技术专利的数量和分布上。企业在智能装备、新材料和环保技术等领域拥有大量专利，这些专利涵盖了传感器技术、数据分析算法、设备设计和制造工艺等多个方面。

华为在智能穿戴设备和运动传感器领域拥有大量专利，开发的智能手表和运动腕带在市场上取得了良好的反响。中兴通讯在数据分析平台方面的专利主要集中在数据分析算法、大数据处理和人工智能应用等领域，这些专利为其技术创新奠定了坚实基础。

2. 技术创新成果的市场应用情况

深圳海洋运动产业的技术创新不仅体现在专利数量上，还在市场应用方面取得了显著成果。华为的智能穿戴设备已经在多个海洋运动项目中得到广泛应用，选手通过这些设备实时监测和分析自己的运动数据，优化比赛策略和提升运动表现。中兴通讯的海洋大数据应用支撑平台在多个赛事和训练项目中得到应用，提升了训练效率和科学性。水下飞行器 S1 是吉影科技在水下智能设备领域打造的又一"利器"。作为全球首款"零门槛"涉水智能设备，水下飞行器 S1 一经推出就广受欧美市场追捧。手持这个极具科技感、设计感的智能设备，普通人也能变成"飞鱼"。在 12 公斤推力的作用下，使用者可以矫若游龙、随意畅游。2米/秒的速度、极限50米的下潜深度、60分钟的续航，能充分满足人们的娱乐消费需求。水下飞行器S1除了水肺潜水、自由潜水等运动功能外，在水下养殖采摘、矿井水下作业等专业潜水领域同样可以大显身手。通过搭载水下声学通信、潜水智能终端等多用途装备，它可用来拍摄和记录鱼类、珊瑚等水下生物的生长情况，助力海洋生物普查、珊瑚养殖等科研工作，并具有安全、便捷、低成本、环保等优势。

深圳还在海洋科技创新方面取得了显著进步。例如，深圳市的智慧海洋科技有限公司致力于水下无线通信的测试，利用新一代信息技术、生物、新能源等领域深度融合的技术，为海洋产业的蓬勃发展提供了技术支持。这些技术创新不仅提升了深圳在全球海洋中心城市的地位，也为海洋运动产业的发展提供了强大的技术支持和创新动力。

综上所述，深圳通过技术创新和资源整合，推动了海洋运动及相关产业的快速发展。

二、创新平台建设加快

（一）深圳强力推动海洋创新平台建设

国家海洋信息中心等机构在2023世界海洋科技大会上发布《中国海洋新兴产业指数报告2022》。监测分析显示，2022年中国海洋新兴产业呈现以下4个特点。一是海洋新兴产业指数稳中向好，海洋新兴产业指数同比增长11.9%。二是现代海洋船舶工业和海洋工程装备制造业市场活跃，在全球航运高需求、高运价的推动下，全球船舶市场整体繁荣，中国三大造船指标全球领先。三是山东、江苏、广东三强领跑地位不断加强，三省的贡献度历年均在10%以上，是海洋新兴产业的中坚力量。四是青岛等沿海城市海洋创新平台建设明显拉动市场需求，2022年海洋新兴产业企业中标数量较上年增长56.5%。

深圳建立健全统筹推动机制，成立书记和市长双牵头的深圳市建设全球海洋中心城市领导小组，审议全市重大涉海规划、政策和项目。完善规划政策体系，出台《关于勇当海洋强国尖兵 加快建设全球海洋中心城市的决定》及两版实施方案、《深圳市海洋经济发展"十四五"规划》《深圳市培育发展海洋产业集群行动计划（2022—2025年）》《深圳市海洋发展规划(2023—2035年)——建设"全球海洋中心城市"深圳方案》等重要规划、政策。积极推动规划任务落地落实，2022年的58个"全球海洋中心城市"建设重点项目已完成17项、40项正常推进，2023年又有80项重点工作和100个具体项目纳入工作任务。

深圳大力推动海洋经济高质量发展，海洋经济总量已初具规模。2022年全市海洋生产总值3128.55亿元，同比增长3.9%，占GDP比重达9.7%。涉海企业增加至近3万家。海洋产业招商引资力度进一步加大。海洋传统产业稳步增长。新兴产业加速发展。海洋产业空间保障能力提升。

深圳培养海洋科技创新强劲动能，加快建设涉海创新载体。截至2023年上半年已建成74个涉海创新载体，包括4个国家级载体、22个省级载体和48个市级载体，涵盖海洋电子信息、海洋工程装备、海洋能源、海洋生物、海洋资源勘探和深海技术等重点领域。此外，持续加强海洋学科建设，打造海洋领域科技创新基础设施，不断优化升级海洋人才政策。

2023年，深圳海洋大学、国家深海科考中心、深圳海洋博物馆一体建设加快，并取得重要突破。深圳大学海洋信息系统研究中心成立、深圳国际海事研究院揭牌成立等，夯实海洋科创基础。推进海洋产业综合试验场建设，并规划将其与现代化海洋牧场的建设相结合，将打造具有深圳特色的创新型海上综合体。

目前，深圳锚定高质量发展目标，正加快打造具有国际竞争力的现代海洋产业体系，包括集聚高端资源，推动海洋传统产业转型升级；引导产业下海，加速培育壮大海洋新兴产业。同时，强化海洋科技人才战略力量支撑，抢占全球海洋前沿科技制高点，培育国家级海洋科技创新服务力量，打通"产学研用"全过程创新生态链，将推动深圳海洋事业发展开启新篇章。

（二）建设国家水上国民休闲运动中心

2023年，深圳大鹏新区与国家体育总局水上运动管理中心、中交海洋投资控股有限公司、深圳市山海蓝极体育文化发展有限公司签署战略合作框架协议，共同推动打造国家水上国民休闲运动中心。

此次签约共建的国家水上国民休闲运动中心是国家体育总局水上运动管理中心牵头规划的首个五星示范项目，建筑面积30万平方米，建成后将作为2025年全运会部分水上运动赛事的重大基础设施之一。这次签约是国家部委、地方政府、国有企业和民营企业合作的创新典范。深圳是国家创新型城市，大鹏新区作为第一批十五家国家水上（海上）国民休闲运动中心试点单位之一，自然禀赋优越，区位优势突出，与国家水上项目发展目标高度契合。这次签约共建的国家水上国民休闲运动中心，是集群众体育、青少年体育、竞技体育、体育产业、体育文化以及旅游度假休闲于一体，促进体育文旅产业共同发展的重要平台，是构建国家"五方三点"（"五方"为"东优、西扩、南强、北进、中兴"；"三点"是以国民休闲运动中心为焦点、以"绿水青山"系列赛事为支点、以江河湖海为发力点）水上运动发展新格局的焦点。

第三节 技术创新在深圳海洋运动产业中的应用

一、数字化技术在赛事组织与运营中的应用

(一)赛事信息化管理系统

深圳在海洋运动产业的技术创新中,首先体现在赛事的信息化管理上。通过引入先进的数字化技术,深圳成功构建了赛事信息化管理系统,实现了从报名、签到、比赛安排到成绩统计、奖牌颁发等全链条的信息化管理。这一系统不仅提高了赛事组织效率,减少了人为错误,还极大地方便了参赛选手和观众。例如,中国杯帆船赛便采用了这一系统,实现了赛事的全程信息化管理,有效提升了赛事的专业性和观赏性。

(二)智能穿戴设备的应用

在海洋运动比赛中,智能穿戴设备的应用也是技术创新的体现。深圳的海洋运动赛事中,参赛选手们纷纷佩戴智能手环、心率监测器等设备,这些设备能够实时监测选手的身体状况,包括心率、血压、运动轨迹等关键数据,为教练团队提供科学的训练指导。同时,这些数据也为赛事的医疗保障团队提供了重要的参考,确保选手在比赛中的安全。

二、大数据与人工智能在赛事分析与预测中的应用

(一)赛事数据分析平台

深圳在海洋运动产业中,积极运用大数据和人工智能技术,建立了赛事数据分析平台。这一平台能够收集并分析海量的赛事数据,包括选手的历史成绩、比赛中的表现、天气状况等,通过复杂的算法模型,对赛事结果进行精准地预测和分析。例如,在帆船比赛中,数据分析平台可以根据风速、风向、水流等环境因素,预测最佳的航行路线和策略,为选手提供科学的决策支持。

(二)人工智能辅助训练

除了赛事分析与预测外,人工智能还在海洋运动的训练中发挥着重要作用。深圳的海洋运动训练基地引入了智能训练系统,通过模拟真实比赛场景,为选手提供个性化的训练方案。系统能够根据选手的身体状况、技能水平等因素,自动调整训

练强度和难度，确保训练效果的最大化。同时，人工智能还能够对选手的训练过程进行实时监控和评估，及时发现问题并提供改进建议。

三、VR 与 AR 技术在赛事体验中的应用

（一）VR 观赛体验

深圳在提升海洋运动赛事的观赛体验方面，也进行了大胆的技术创新。通过引入 VR 技术，观众可以在家中佩戴 VR 设备，身临其境地观看比赛。VR 技术能够模拟出真实的比赛场景和氛围，让观众仿佛置身于比赛现场，获得前所未有的观赛体验。这种全新的观赛方式不仅吸引了更多年轻观众，也极大地提升了赛事的影响力和商业价值。

（二）AR 互动体验

除了 VR 技术外，AR 技术也在深圳的海洋运动赛事中得到了广泛应用。通过 AR 技术，观众可以在手机或平板电脑上看到叠加在现实世界之上的虚拟信息，如比赛路线、选手信息、实时数据等。这种互动体验不仅丰富了观众的观赛内容，还增加了观赛的趣味性和参与感。例如，在帆船比赛中，观众可以通过 AR 技术看到实时的风速风向图、选手的航行轨迹等信息，更好地了解比赛情况。

四、物联网技术在赛事保障与服务中的应用

（一）赛事安全监控系统

深圳在海洋运动赛事的保障与服务中，充分运用了物联网技术。通过部署大量的传感器和监控设备，赛事组织者能够实时监测比赛现场的安全状况，包括海况、气象条件、选手的身体状况等。一旦发现异常情况，系统能够立即发出警报并启动应急预案，确保赛事的顺利进行和选手的安全。这种物联网技术的应用大大提高了赛事的安全保障水平。

（二）智能服务系统

除了安全监控外，物联网技术还在赛事的服务保障中发挥了重要作用。深圳的海洋运动赛事中，智能服务系统为选手和观众提供了便捷的服务体验。例如，通过智能停车系统，观众可以轻松找到停车位并快速离场；通过智能餐饮系统，选手和观众可以在手机上预订餐食并享受便捷的送餐服务；通过智能导览系统，观众可以

方便地找到比赛场馆和各个功能区。这些智能服务系统的应用不仅提高了赛事的服务水平，还提升了观众的满意度和忠诚度。

五、5G 通信技术在赛事直播与传输中的应用

深圳作为全国领先的 5G 城市之一，在海洋运动赛事的直播与传输中也充分利用了 5G 通信技术的优势。

（一）高清直播与实时传输

1. 超高清视频传输

5G 技术以其超高速率、低时延和大连接的特性，为体育赛事的高清直播提供了强有力的技术支撑。在深圳的赛事直播中，5G 技术能够轻松实现 8K 超高清视频的实时传输。8K 视频的分辨率高达 4320×7680 像素，是 4K 视频的 4 倍，画面细腻度和清晰度显著提升，色彩更加丰富、真实，为观众带来身临其境的观赛体验。5G 网络的超高速率能够满足 8K 视频传输所需的庞大数据流，确保视频在直播过程中不卡顿、不缓冲，保持极致流畅的观看效果。

2. 多视角直播

除了超高清视频传输外，5G 还推动了多视角直播的发展。在深圳的体育赛事中，利用 5G+ 边缘计算技术，可以实现"自由视角"直播。通过多个摄像机捕捉比赛场上的视频，并将它们拼接成一幅完整画面，观众可以根据自己的喜好自由选择视角，甚至能够观看比赛的任意角度，从而获得更加深入的观赛体验。这种技术的实现离不开 5G 提供的超高速率和低时延特性，确保了多视角视频的流畅切换和实时传输。

（二）远程协同与指挥调度

1. 高效指挥调度系统

在深圳的体育赛事中，5G 技术还被广泛应用于远程协同与指挥调度。中国联通等运营商利用 5G 网络构建了庞大的指挥调度体系，为赛事期间的各个单元提供高效的连接和沟通。例如，在冬奥会期间，中国联通基于公网集群对讲技术建立了冬奥指挥调度系统，该系统支持全国范围内超远距离通信，突破了传统专网对讲通信距离短的限制。通过该系统，指挥中心可以实时了解现场情况、远程指导一线人员工作，并辅助进行决策，大大提高了赛事指挥调度的效率和准确性。

2. 实时数据分析和决策支持

5G 技术还支持体育赛事直播中的实时数据分析。在比赛过程中，通过 5G 网络

收集的大量数据可以实时传输到数据中心进行处理和分析，为教练团队和赛事管理者提供及时的决策支持。这种实时数据分析能力有助于优化比赛策略、提高运动员表现，并增强赛事的观赏性和娱乐性。

3. 远程制作与转播

5G 技术还推动了赛事转播的远程制作和分发。通过 5G 网络，赛事转播的制作环节可以从传统演播室转移到赛场附近甚至异地，大大提高了转播的灵活性和机动性。同时，5G 网络还支持云转播技术，将赛事信号传输到云端进行处理、合成和分发，降低了转播的成本和复杂性。

六、绿色能源与环保技术在赛事可持续发展中的应用

（一）太阳能与风能的应用

深圳在推动海洋运动赛事可持续发展的过程中，积极采用绿色能源和环保技术。在赛事场馆和设施的建设中，广泛应用太阳能和风能等可再生能源，为赛事提供清洁、可再生的电力供应。例如，在帆船比赛的起点和终点区域，可以设置太阳能充电站和风能发电机，为参赛船只和赛事设备提供绿色能源。这种做法不仅减少了对传统能源的依赖，还降低了赛事的碳排放量，顺应全球绿色发展的潮流。

（二）环保材料与循环利用

在赛事的筹备和运营过程中，深圳还注重使用环保材料和推动资源的循环利用。赛事场馆和设施的建设优先选用可降解、可回收的材料，减少对环境的影响。同时，赛事组织者还鼓励观众和参赛选手参与垃圾分类和回收活动，提高资源的利用效率。例如，在赛事结束后，赛事组织者可以组织专门的回收团队对赛事产生的废弃物进行分类处理，实现资源的最大化利用。这种环保理念和实践不仅提升了参与者的社会责任感，也为推动海洋运动产业的可持续发展做出了积极贡献。

第六章 深圳海洋运动产业的政策环境

政策环境对产业的发展起着关键作用。本章将探讨国家政策、深圳市政府支持政策以及这些政策对海洋运动产业发展的作用。通过对政策环境的详细分析，评估政策对深圳海洋运动产业的影响，并提出如何在政策环境下更好地推进产业发展的建议，以期通过政策支持促进产业的健康、可持续发展。

第一节 国家政策对海洋运动产业的影响

一、国家层面海洋经济发展战略规划

（一）海洋经济强国目标下的政策导向

在新时代背景下，我国将海洋经济视为国家发展战略的重要组成部分，旨在通过建设海洋经济强国，推动经济高质量发展与综合国力的全面提升。在这一目标下，国家政策对海洋运动产业的导向作用尤为显著，主要体现在以下几个方面。

1. 战略规划的顶层设计

2021 年以来，国家层面相继出台了一系列关于海洋经济发展的战略规划，如《"十四五"海洋经济发展规划》《"十四五"海洋生态环境保护规划》等。这些规划明确了海洋经济发展的总体思路、主要目标、重点任务和保障措施。其中，海洋运动产业作为海洋经济的重要组成部分，被赋予了新的发展机遇和使命。这些规划强调，要加快海洋运动产业发展，促进海洋体育消费，培育海洋运动新业态新模式，推动海洋运动产业与旅游业、文化产业等相关产业融合发展。

2. 政策支持的强化

为了实现海洋经济强国的目标，国家加大了对海洋运动产业的政策扶持。一方面，通过财政补贴、税收减免、贷款优惠等政策措施，降低了海洋运动企业的运营

成本，激发市场活力；另一方面，加强海洋运动基础设施建设，提升海洋运动场地设施的供给能力和服务水平，为海洋运动产业的发展提供有力支撑。此外，国家还鼓励社会资本投入海洋运动产业，推动形成多元化、市场化的投融资体系。

3. 科技创新的驱动

科技创新是海洋运动产业持续健康发展的关键。国家政策积极引导和支持海洋运动领域的科技创新，推动关键技术突破和科技成果转化。例如，加大对海洋运动器材装备、赛事组织与管理、运动训练与康复等方面的研发投入，提升我国海洋运动产业的科技含量和竞争力。同时，鼓励海洋运动企业加强与国际先进企业的交流合作，引进吸收国外先进技术和管理经验，促进我国海洋运动产业的国际化发展。

（二）海洋运动产业在国家体育产业布局中的地位

随着我国体育产业的快速发展，海洋运动产业在国家体育产业布局中的地位日益凸显。作为体育产业的新兴领域和重要组成部分，海洋运动产业不仅具有广阔的市场前景和发展空间，还承载着推动体育产业升级转型、促进经济社会全面发展的重要使命。

1. 体育产业的重要组成部分

海洋运动产业涵盖了水上运动、沙滩运动、潜水运动等多个细分领域，这些领域与传统体育项目相互补充、相互促进，共同构成了我国体育产业的多元化发展格局。在国家体育产业布局中，海洋运动产业被赋予了重要的战略地位和发展任务。通过大力发展海洋运动产业，可以丰富体育产品供给、满足人民群众多样化的体育需求、提升体育产业的整体实力和竞争力。

2. 推动体育产业升级转型

随着人们生活水平的提高和健康意识的增强，体育消费呈现出个性化、多元化、品质化的特点。海洋运动产业以其独特的魅力和广泛的受众群体，成为推动体育产业升级转型的重要力量。通过发展海洋运动产业，可以引导体育企业加大创新力度、提升产品质量和服务水平、拓展市场空间和盈利渠道。同时，海洋运动产业的发展还可以带动相关产业链条的延伸和拓展，促进体育产业与其他产业的融合发展。

3. 促进经济社会全面发展

海洋运动产业的发展不仅有利于体育产业的升级转型和可持续发展，还有助于促进经济社会的全面发展。首先，海洋运动产业可以创造大量的就业机会和创业机会，缓解社会就业压力；其次，海洋运动产业还可以带动旅游、交通、餐饮等相关产业的发展，促进地方经济的繁荣和增长；最后，海洋运动产业的发展还有助于提升城市形象和知名度，增强城市的吸引力和竞争力。因此，加快海洋运动产业的发展对于推动我国经济社会全面发展具有重要意义。

二、为海洋运动产业发展指明方向

（一）"一带一路"背景下的海洋运动产业机会

1. 政策引导与区域协同

"一带一路"倡议自提出以来，不仅促进了共建国家的经济交流与合作，也为我国海洋运动产业带来了前所未有的发展机遇。该倡议强调互联互通和区域合作，为海洋运动产业提供了广阔的市场空间。在政策层面，国家通过制定一系列支持政策，明确了体育产业发展的方向，特别是海洋运动产业作为体育产业的重要组成部分，得到了重点扶持。

在区域协同方面，粤港澳大湾区作为"一带一路"的重要节点，其独特的地理位置和丰富的海洋资源是海洋运动产业发展的基础。粤港澳大湾区通过加强区域合作，共同推动海上体育运动与产业发展，不仅促进了区域内经济的繁荣，也为海洋运动产业提供了更加广阔的发展空间。例如，通过举办国际性的海上体育赛事，吸引国内外顶尖运动员和观众参与，不仅提升了区域的国际知名度，还带动了相关产业的发展，如体育旅游、体育装备制造等。

2. 基础设施建设与产业升级

"一带一路"倡议的推进，促进了共建国家和地区的基础设施建设，特别是港口、航道等海洋交通基础设施的完善，为海洋运动产业的发展提供了有力支撑。基础设施的改善，不仅降低了海洋运动的成本，提高了运动效率，还吸引了更多的企业和个人参与海洋运动产业。

同时，基础设施的完善也促进了海洋运动产业的升级。随着科技的不断进步，海洋运动产业逐渐向智能化、高端化方向发展。例如，智能帆船、潜水机器人等高科技产品的出现，不仅提升了海洋运动的趣味性和安全性，还推动了相关产业链条的延伸和拓展。这些高科技产品的研发和生产，需要强大的科技实力和产业基础作为支撑，"一带一路"倡议的推进，为这些产业的发展提供了广阔的市场和丰富的资源。

（二）海洋运动产业在"十四五"规划中的定位

1. 促进海洋经济多元化发展的重要途径

海洋经济是我国经济的重要组成部分，而海洋运动产业作为海洋经济的一个新兴领域，对于促进海洋经济多元化发展具有重要意义。在"十四五"期间，随着海洋强国战略的深入实施，海洋经济将迎来更加广阔的发展空间。海洋运动产业作为连接海洋与陆地的桥梁，能够带动相关产业链条的延伸和拓展，促进海洋资源的综合开发和利用。

海洋运动产业的发展将促进海洋旅游、海洋文化、海洋科技等多个领域的融合发展。例如，通过举办国际性的海洋体育赛事和节庆活动，可以吸引大量游客前来观赛和旅游，从而带动当地旅游业的繁荣；同时，这些活动也能够传播海洋文化，提升公众对海洋保护的意识。此外，海洋运动装备的研发和生产也需要先进的科技支撑，这将促进海洋科技的创新和发展。

2. 推动体育产业转型升级的关键力量

体育产业是我国经济转型升级的重要方向之一，而海洋运动产业作为体育产业的重要组成部分，将在推动体育产业转型升级中发挥关键作用。在"十四五"期间，随着全民健身国家战略的深入实施和体育消费市场的不断扩大，体育产业将迎来更加广阔的发展空间。然而，传统体育产业在发展过程中也面临着一些问题和挑战，如产业结构不合理、创新能力不足等。

海洋运动产业的发展为体育产业转型升级提供了新的思路和方向。一方面，海洋运动产业具有广阔的市场空间和巨大的发展潜力，可以吸引更多的社会资本和人才进入体育产业领域；另一方面，海洋运动产业也需要不断创新和升级以满足市场需求的变化。因此，通过大力发展海洋运动产业可以推动体育产业向更加多元化、智能化、绿色化的方向发展。

（三）国家旅游业规划对海洋运动的支持

1. 政策引领与战略规划

在国家层面，旅游业的发展规划始终将海洋运动作为重要组成部分，通过一系列政策文件和战略规划，为海洋运动的蓬勃发展提供了坚实保障。"十四五"规划中明确提出，要提高海洋文化旅游开发水平，建设一批高质量海洋经济发展示范区和特色化海洋产业集群。这一战略导向，不仅为海洋运动的发展指明了方向，也为其提供了广阔的市场空间和发展机遇。

2. 基础设施建设与升级

为了支持海洋运动的普及与发展，国家加大了对海洋旅游基础设施的投资力度。一方面，通过建设和完善海洋运动基地、码头、游艇俱乐部等设施，为海洋运动爱好者提供了安全、便捷的参与条件。例如，青岛海上足球场作为集运动、休闲、观光于一体的综合性海洋运动设施，不仅满足了市民和游客对海洋运动的需求，也极大地提升了城市的海洋旅游品牌形象。另一方面，国家还积极推动海洋运动设施的智能化、绿色化升级，利用大数据、云计算等现代信息技术，提高海洋运动的安全性和体验感。

3. 赛事活动组织与品牌推广

赛事活动是展示海洋运动魅力、推动海洋旅游发展的重要途径。国家通过组织各类海洋运动赛事，如国际帆船赛、潜水锦标赛等，不仅提升了国内海洋运动的竞技水平，也吸引了大量国内外游客前来观赛旅游，促进了海洋旅游的快速发展。同时，国家还注重海洋运动品牌的打造和推广，通过举办海洋运动文化节、海洋运动博览会等活动，提高公众对海洋运动的认识和兴趣，形成了一批具有影响力的海洋运动品牌。

第二节 深圳市政府对海洋运动产业的支持政策

一、《深圳市培育发展海洋产业集群行动计划（2022—2025年）》

（一）主要内容

《深圳市培育发展海洋产业集群行动计划（2022—2025年）》旨在积极响应国家海洋强国战略，加速深圳海洋产业转型升级，打造具有国际竞争力的海洋产业集群，助力全球海洋中心城市建设。该计划明确了海洋产业八大核心领域，并围绕现状与挑战，制定了至2025年海洋生产总值突破4000亿元、海洋科技创新能力明显提升等目标。

行动计划聚焦4个重点任务：构建高水平产业创新体系、培育壮大企业主体、提升海洋产业发展能级、构建海洋产业区域协同发展新格局。同时，规划了包括海洋交通运输业提升工程、滨海旅游业特色品牌化工程、海洋能源与矿产业拓展工程、海洋渔业高质量转型升级工程、海洋工程和装备业做精做强工程、海洋电子信息业陆海融合工程、海洋生物医药业培育工程、海洋现代服务业支撑工程。

在空间布局上，深圳市海洋产业空间布局综合考虑临海片区海洋产业发展基础、产业空间与资源禀赋、发展潜力等因素，以西部海岸—东部海岸—深汕特别合作区为主轴，以宝安区、前海合作区、南山区、福田区、盐田区、大鹏新区、深汕特别合作区等为主要承载区，合理布局涉海重点产业、重点项目、重点平台，打造"一轴贯通、多区联动"的海洋产业空间发展格局。此外，还提出了一系列保障措施，如加强组织领导、加大政策支持、强化人才支撑、加大空间保障等，以确保行动计划顺利实施，为深圳海洋经济的蓬勃发展奠定坚实基础。

（二）对深圳海洋运动产业的支持

《深圳市培育发展海洋产业集群行动计划（2022—2025年）》为深圳海洋运动产业提供了强有力的支持与指导。

1. 构建高水平产业创新体系

围绕海洋能源与矿产、海洋工程和装备、海洋电子信息、海洋生物医药等重点发展方向，加快建设具有标志性、引领性的重大科技创新平台，高水平建设和引进一批新型研发机构，布局建设一批创新载体，完善面向产业高端化发展的研发布局。实施海洋产业重大科技创新工程，集中攻克一批海洋关键核心技术，推进海洋科技成果加快转化和产业化，打造全国海洋科技创新和成果转化高地。支持建设一批公共服务平台，强化产业支撑。加快汇聚海洋人才，构筑海洋人才集聚高地。

2. 培育壮大企业主体

建立企业梯度培育体系，构建以龙头骨干企业、链主企业为引领，大中小企业融通发展的产业生态。支持涉海龙头企业通过跨国并购、强强联合、专业化重组和战略合作等方式，提升在技术、品牌、专利等关键领域的竞争力。充分发挥深圳电子信息和高端制造优势，在电气、动力、控制、水下作业、信息系统等领域培育一批具有海洋骨干企业，促进企业向海发展，形成一批产业生态主导型企业，孵化一批初创型科技企业。

3. 提升海洋产业发展能级

引导各类资源要素向海洋产业加速集聚，优化提升海洋传统产业，培育发展海洋新兴产业，超前布局深海极地等未来产业，促进海洋产业集群化、高端化发展。持续推进海洋重点产业链"补链""强链"工作，推动深圳市海洋产业发展迈向全球价值链中高端。积极推动海洋经济开放合作，深化与"21世纪海上丝绸之路"沿线国家和地区海洋科技经济文化贸易交流合作，打造开放型现代海洋产业体系。

4.构建海洋产业区域协同发展新格局

以前海深港现代服务业合作区扩区为契机，加快推进海洋新城、蛇口国际海洋城等片区建设，联动国内外海洋创新资源，构建集研发、设计、制造、交易、金融等完整产业链，探索设立专业海洋产业园区。打造"盐田—大鹏—深汕"东部向海发展走廊，推进盐田和临港产业带、盐田河临港产业带、国际生物谷（食品谷）·坝光片区、新大－龙岐湾等片区建设，形成以港口航运、海洋生物医药、海洋科教等为特色的东部海洋产业集聚区；推进深汕海洋智慧港建设，打造深圳海洋高端研发制造产业拓展区；推进研发成果在深汕特别合作区等落地应用。

二、《深圳市海洋经济发展"十四五"规划》

（一）主要内容

1.《深圳市海洋经济发展"十四五"规划》概要

"十四五"期间，深圳海洋经济以建设"全球海洋中心城市"为总目标，构建统筹海洋经济发展格局，推动高质量发展，增进民生福祉，全面深化改革开放，加快向海发展步伐，打造国内国际双循环战略支点，打造全国海洋经济高质量发展引领区、全球海洋科技创新高地，努力创建竞争力、创新力、影响力卓越的全球海洋中心城市、社会主义海洋强国战略的城市范例。

2.基本原则

（1）先行示范、创新发展

增强自立自强的海洋科技创新能力，充分发挥科技创新的支撑引领作用，率先突破一批海洋领域关键技术，积极促进数字技术与海洋经济深度融合，抢占世界海洋科技创新制高点。不断提升海洋科技成果转化能力，优化产学研用协同攻关模式，促进创新链、产业链与资金链的协同创新。

（2）陆海统筹、集聚发展

坚持陆海统筹和区域联动，提高海洋经济辐射带动力。促进陆海在空间布局、产业发展、基础设施、资源开发、生态保护等领域的协同发展，形成两廊引领、四区支撑的空间格局，构建陆海统筹、城海互动的协调发展新格局。

（3）生态优先、绿色发展

以碳达峰、碳中和为目标，坚持尊重自然、顺应自然、保护自然，牢固树立发展与保护相统一的理念，打造绿色可持续的海洋生态环境，加强海洋环境污染防治，保护海域生态环境和海洋生物多样性，有序开发利用海洋资源，促进海洋生态产品价值实现。

（4）开放共赢、协同发展

秉承开放包容、互利共赢的理念，加快培育海洋经济开放合作新优势，积极参与全球海洋治理，推动构建海洋命运共同体。推进粤港澳大湾区海洋经济产业链、海事管理机制、生态环境治理、防灾减灾等合作，抓紧《区域全面经济伙伴关系协定》（RCEP）生效实施下的对外贸易和技术合作机遇，加大南海综合保障服务力度，深度融入"21世纪海上丝绸之路"建设。

3. 发展目标

至2025年，深圳海洋经济发展取得新成效，海洋空间品质提至新水平，海洋科技创新实现新突破，海洋生态文明迈向新台阶，海洋开放合作取得新进展，强化深圳海洋功能和特色，奠定建设全球海洋中心城市的坚实基础。

（二）保障措施

《深圳市海洋经济发展"十四五"规划》为深圳海洋运动产业提供了多方面的保障措施，具体体现在以下几个方面。

1. 加强组织领导

发挥全球海洋中心城市发展委员会领导作用，审议全市重大涉海项目、规划和政策，加强对全市海洋经济发展规划实施的指导、监督和评估。

2. 加强政策支持

加强海洋经济运行和海洋产业发展分析研究，建立动态评估机制，适时调整规划目标任务。出台海洋经济发展促进政策，研究促进海洋经济立法工作，为加快海洋产业转型升级、促进海洋经济高质量发展提供政策保障。

3. 加强资金保障

积极争取国家、省重大专项资金，加大深圳市海洋资金扶持力度，引导带动各类创投资本、信贷资本、社会民间资本流向海洋产业链。鼓励社会资本成立海洋领域投资基金，保障海洋产业资金投入稳定增长。

4. 鼓励多方参与

支持组建各类涉海行业协会、商会、联盟等，积极引导社会力量和市场主体参与海洋经济发展。完善海洋文化宣传教育，提高全社会的海洋观念。开展企业专题推介活动及媒体宣传报道，积极推进海洋领域的跨区域合作、全球性交流，不断提升海洋经济发展的影响力。

三、《深圳市海洋发展规划（2023—2035 年）—— 建设"全球海洋中心城市"深圳方案》

（一）主要内容

深圳市规划和自然资源局发布的《深圳市海洋发展规划（2023—2035 年）——建设"全球海洋中心城市"深圳方案》，清晰明确了深圳海洋发展的长远方向以及战略规划。

规划确立了"三步走"的战略目标：到 2025 年，初步建成国际航运中心、海洋战略新兴产业高地；到 2035 年，全面建成国际航运中心及高端服务中心、海洋战略新兴产业高地；到 2050 年，海洋综合实力及全球影响力达到世界一流水准，成为引领全球价值链、共塑海洋命运共同体的海洋城市发展典范。

为实现这些目标，规划提出了六大发展策略：一是打通内外循环，打造国际航运中心及高端服务中心；二是引导产业下海，加速培育和壮大海洋新兴产业；三是引领绿色转型，促进海洋资源保护与可持续利用；四是驱动创新发展，强化海洋科技人才战略力量；五是彰显海洋文化，营造缤纷多彩的海洋生活；六是深化对外合作，积极参与全球海洋治理。

（二）对深圳海洋运动产业的支持

《深圳市海洋发展规划（2023—2035 年）——建设"全球海洋中心城市"深圳方案》对深圳海洋运动产业提供了多方面的支持。

1. 基础设施建设

规划中强调促进港口绿色智慧转型升级，这将为海洋运动提供更完善的设施和场地。同时，通过海洋发展重点片区的布局，海洋运动项目将获得更多空间和资源支持。

2. 政策引导与资金支持

政府将通过专项资金和优惠政策，支持海洋运动相关企业和项目的发展。特别是在海洋新兴产业的培育中，海洋运动产业将获得更多的投资和政策扶持。

3. 人才培养与科技创新

规划中明确了强化海洋科技人才战略力量，这将有助于海洋运动领域的技术进步和人才培养。通过打通"产学研用"全过程创新生态链，海洋运动产业将受益于最新的科技成果和专业人才的引入。

4. 生态保护与可持续发展

加强海洋生态环境保护与治理，践行绿色发展理念，这为海洋运动提供了良好的生态环境和可持续发展的基础。推动低碳转型和蓝碳示范，将促进海洋运动的环保和可持续发展。

5. 文化推广与国际合作

通过打造海洋文化品牌和深化对外合作，深圳市将提升海洋运动的国际知名度和吸引力。特别是与香港的合作，将为海洋运动产业带来更多的资源和市场机会。

四、《深圳市海岸带综合保护与利用规划（2018—2035）》

（一）主要内容

《深圳市海岸带综合保护与利用规划（2018—2035）》是一份全面指导深圳市海岸带未来发展规划的纲领性文件，旨在通过科学规划与管理，实现海岸带地区的可持续发展。规划主要内容包括以下几个方面。

规划明确了编制的背景与目的：当前，深圳海岸带地区一方面是人口、资金、科技、生态等方面最为集聚的"黄金岸带"，另一方面也面临着中国沿海城市发展过程中陆海分割的共性问题。未来，深圳陆域土地资源"难以为继"，海洋将是引领城市未来发展的重要战略资源。海岸带作为城市发展的重要空间载体，将为陆海空间耦合、打开城市发展新格局发挥重要作用。

规划对标国际，提出创建世界级绿色活力海岸带的目标。通过构建全域生态系统，强化生态的保护与修复；塑造多彩滨海生活，提升居民生活品质；优化海岸带产业布局，推动海洋经济高质量发展；加强区域合作，推进湾区一体化发展。

在空间布局上，规划创新性地提出了"一带、三区、多单元"的结构体系。依托海岸带资源，统筹陆海空间发展新格局；根据不同区域特点，塑造东中西三区差异化滨海空间风貌；划定湾区单元，推进岸段陆海协同发展，实现资源高效配置和优势互补。

在管控措施上，规划注重精细管控，保障岸带生态安全及公共开放。通过加强海域建设管控、划定海岸陆域建设管控区、制定岸带空间设计指引等措施，严格控制开发强度，保护自然岸线和生态环境。

规划强调了保障实施的重要性，提出了建构综合管理机制和平台的具体措施，包括完善体制保障、加强数据保障、健全技术保障、落实项目保障等方面，以确保规划目标的实现和各项政策的落地实施。

（二）对深圳海洋运动产业的支持

《深圳市海岸带综合保护与利用规划（2018—2035）》对深圳海洋运动产业提供了多方面的支持，具体体现在以下几个方面。

1. 对标国际，创建世界级绿色活力海岸带

依托深圳自身资源禀赋和发展优势，对标全球海洋中心城市，从"绿色生态、构建全域生态系统；活力共享、塑造多彩滨海生活；功能提升、优化岸带产业布局；区域合作，推进湾区一体发展"等四个方面推进创建"世界级绿色·活力海岸带"。

2. 城海交融，建构"一带、三区、多单元"结构

从空间上，建构"一带、三区、多单元"海岸带空间结构。以海岸带作为陆海空间耦合的重要发展轴带，开拓城市发展新格局；结合岸带特征，划分东中西三个海岸带区域，塑造差异化的滨海空间风貌；划定多个湾区单元，加强湾区陆海管控，探索编制陆海一体的空间详细规划，从功能布局、配套设施、道路交通等方面综合考虑陆海需求，推进岸带陆海协同发展。

3. 精细管控，保障岸带生态安全及公共开放

为进一步协调和统筹陆海功能，在海岸带生态资源保护的基础上，对深圳海岸带海域及陆域提出建设管控要求，重点从加强海域建设管控、划定海岸陆域建设管控区、制定岸带空间设计指引等三个方面提出具体空间管控举措。

4. 保障实施，建构综合管理机制和平台

主要包括完善体制保障，建构管理平台；加强数据保障，完善信息平台；健全技术保障，制定管控规范；落实项目保障，推进重点项目。

第三节 政策环境对深圳海洋运动产业发展的作用

一、政策推动产业发展的作用

（一）政策对海洋运动产业发展的激励

近年来，深圳市政府出台了一系列政策，以推动海洋运动产业的发展。这些政策不仅包括财政支持和税收优惠，还涵盖了人才引进、科技创新等方面。通过这些激励措施，深圳市海洋运动产业得以迅速发展，并逐渐形成了较为完善的产业链条。

在财政支持方面，深圳市政府设立了专项基金，用于支持海洋运动项目的建设和运营。这些基金不仅帮助初创企业解决了资金短缺的问题，还促进了海洋运动项目的多样化发展。此外，税收优惠政策也为企业减轻了负担，让更多的资本能够投入产品研发和市场推广中。

在人才引进和科技创新方面，深圳市政府实施了一系列人才引进计划，吸引了大量的专业人才进入海洋运动产业。同时，政府还鼓励科研机构与企业合作，推动海洋运动装备和技术的创新。这些措施不仅提升了产业的技术水平，还增强了深圳市在国际海洋运动市场的竞争力。

（二）政策实施促进海洋运动产业规模的扩大

深圳市政府的政策支持在促进海洋运动产业规模扩大方面起到了重要作用。通过政策引导，海洋运动产业的市场需求不断增加，企业的生产能力和服务水平也得到了显著提升。这些政策不仅包括对大型项目的直接投资，还涵盖了对中小企业的支持，形成了多层次的产业发展格局。

政府对大型项目的支持，使一批具有示范效应的海洋运动项目得以落地。这些项目不仅提升了深圳市海洋运动的整体水平，还吸引了大量的游客和爱好者，推动了相关服务业的发展。同时，中小企业在政府政策的支持下，得以快速成长，形成了产业集群效应。

政府还通过政策引导，促进了海洋运动与旅游、文化、教育等产业的融合发展。通过打造海洋运动综合体和海洋文化节等活动，深圳市不仅提升了海洋运动的知名度，还带动了相关产业的发展。这些措施使海洋运动产业的市场规模不断扩大，为深圳市经济的多元化发展提供了新的增长点。

二、政策环境对海洋运动产业市场活力的激发

（一）政策环境对海洋运动产业市场竞争的促进

深圳市政府通过一系列政策措施，积极营造公平竞争的市场环境，激发了海洋运动产业的市场活力。这些政策包括反垄断措施、市场准入放宽、知识产权保护等，旨在为企业创造一个公平竞争的环境，鼓励创新和提高服务质量。

在反垄断措施方面，政府加强了对市场的监管，防止垄断行为的发生。通过严格的市场监管和执法，确保市场主体的公平竞争，促进了市场的健康发展。市场准入放宽政策使更多的企业能够进入海洋运动市场，增加了市场的多样性和竞争力。知识产权保护政策的实施，为企业的创新活动提供了法律保障。通过保护企业的创

新成果，政府鼓励企业加大研发投入，提升技术水平和产品质量。这些措施不仅提升了产业的整体水平，还增强了企业的市场竞争力，为产业的可持续发展奠定了基础。

（二）海洋运动产业市场活力与政策支持的关系

政策支持对海洋运动产业市场活力的激发具有重要作用。深圳市政府通过一系列政策措施，降低了企业的运营成本，提高了市场的准入门槛，激发了企业的创新活力和市场竞争力。这些政策不仅包括财政支持和税收优惠，还涵盖人才引进、科技创新、市场监管等方面。

财政支持和税收优惠政策使企业能够更好地利用资源进行产品研发和市场推广，降低了企业的运营成本，提升了企业的市场竞争力。人才引进和科技创新政策的实施，为企业的发展提供了强大的智力支持和技术支撑，促进了产业的技术进步和产品升级。市场监管政策的实施，确保了市场的公平竞争，防止垄断行为的发生，保护了中小企业的利益。通过实施这些政策措施，政府不仅提升了市场的透明度和公正性，还增强了企业的市场信心和投资积极性，促进了产业的健康发展。

三、政策支持对海洋运动基础设施建设的促进

（一）政府政策对海洋运动基础设施投资的引导

深圳市政府在推动海洋运动产业发展过程中，非常重视基础设施建设的投入和完善。通过制定专项政策，政府积极引导社会资本投入基础设施建设，形成了政府与社会资本合作共建的模式。这种模式不仅有效缓解了政府的财政压力，还加快了基础设施建设的进度和质量。

政府通过政策引导，加大对海洋运动场馆、码头、训练基地等基础设施的投资力度。通过设立专项基金和提供财政补贴，政府鼓励企业和社会资本参与基础设施建设。这些措施不仅提升了基础设施的数量和质量，还增强了产业的服务能力和市场竞争力。

政府积极引导基础设施的智能化和绿色化建设。通过政策扶持和技术指导，推动海洋运动基础设施的智能化升级，提高设施的管理水平和服务效率。同时，政府鼓励绿色建筑和环保设施的应用，提升基础设施的环保性能和可持续发展能力。

（二）基础设施建设对海洋运动产业发展的影响

基础设施建设对海洋运动产业的发展具有重要影响。完善的基础设施不仅提升了海洋运动项目的服务质量和市场吸引力，还促进了相关产业的融合发展。深圳市

通过大力推进海洋运动基础设施建设，为产业的快速发展提供了有力支撑。

完善的基础设施提升了海洋运动项目的服务水平。通过建设高标准的场馆、码头和训练基地，海洋运动项目能够提供更加专业和多样化的服务，吸引了大量的游客和海洋运动爱好者，提升了市场的吸引力和竞争力。同时，完善的基础设施也提升了项目的安全性和舒适性，增强了用户的满意度和忠诚度。

完善的基础设施还促进了海洋运动与旅游、文化、教育等相关产业的融合发展。通过打造综合性的海洋运动基地和文化旅游项目，深圳市不仅提升了海洋运动的市场知名度，还带动了相关服务业的发展，形成了产业联动效应。这种融合发展模式不仅提升了产业的整体价值，还推动了区域经济的多元化和可持续发展。

四、政策对海洋运动赛事的推动

（一）政策对海洋运动赛事的扶持与引导

政策在推动深圳海洋运动赛事发展中发挥着关键的作用。政府通过制定相关政策和措施，为海洋运动赛事的举办提供了有力的支持和保障。政府可以通过以下几个方面来扶持和引导海洋运动赛事的发展。

首先，政府可以设立专项基金或提供财政补贴，用于支持海洋运动赛事的举办和运营。这些资金可以用于赛事的筹备、组织、宣传和推广等方面，确保赛事的顺利进行和高质量完成。

其次，政府可以制定相关政策和措施，鼓励企业和个人参与海洋运动赛事的赞助和捐赠。通过税收优惠、荣誉表彰等方式，激发社会各界对海洋运动赛事的关注和支持，为赛事的举办提供更多的资金和资源。

最后，政府可以加强与国际体育组织和赛事机构的合作与交流，引进更多高水平的国际赛事落户深圳。通过与国际接轨的赛事标准和规则，提升深圳海洋运动赛事的专业性和国际影响力。

（二）海洋运动赛事对产业发展的带动作用

海洋运动赛事的举办对深圳海洋运动产业的发展具有显著的带动作用。

首先，赛事的举办能够吸引大量的观众和游客前来观赛和旅游，为深圳的旅游业和酒店业等相关产业带来巨大的经济收益。同时，赛事的举办还能够提升深圳的城市形象和知名度，增强城市的吸引力和竞争力。

其次，赛事的举办还能够促进海洋运动产业链的延伸和拓展。赛事的筹备和组织需要大量的专业服务和设备支持，如赛事策划、宣传推广、安全保障、医疗保障等。这些环节的发展将带动相关产业的发展和壮大，形成更加完整的产业链和生态圈。

最后，赛事的举办还能够激发公众对海洋运动的兴趣和热情，推动海洋运动文化的普及和传播。通过举办各类海洋运动赛事和活动，可以吸引更多的人参与海洋运动，提升公众对海洋运动的认识和了解，促进海洋运动文化的传承和发展。

第七章　深圳海洋运动产业的人才培养与教育

人才是产业发展的核心资源。本章将重点关注深圳海洋运动产业的人才培养与教育，探讨海洋运动人才培养的概况、现状及其培养与教育途径。通过分析深圳在人才培养方面的现状及问题，提出改进措施和发展建议，以帮助提高人才培养质量，满足深圳海洋运动产业发展的需求，推动产业的快速发展。

第一节　海洋运动人才培养概述

一、海洋运动人才的基本内涵

（一）专业运动员与教练员的定义与职责

专业运动员是海洋运动产业中的核心力量，他们具备高超的运动技能和丰富的比赛经验，是各类海洋运动赛事的参与者与竞争者。这些运动员通常经过长期的专业训练，不仅在体能、技术、战术等方面达到顶尖水平，还具备坚忍不拔的意志品质和强烈的竞争意识。他们的职责是代表国家、地区或俱乐部参加国内外各类海洋运动赛事，争取优异成绩，为团队和国家争光。

教练员则是专业运动员成长道路上的重要引路人。他们不仅需要具备深厚的专业理论知识和丰富的实践经验，还需要掌握科学的训练方法和手段，能够根据运动员的实际情况制订个性化的训练计划。教练员的职责包括指导运动员进行日常训练、调整训练状态、解决技术难题、制定比赛策略等。他们的工作对于提高运动员的竞技水平、保障运动员的身心健康、推动海洋运动技术的创新发展具有重要意义。

（二）海洋运动管理与服务人才的角色定位

海洋运动管理与服务人才是海洋运动产业中不可或缺的重要组成部分。他们主要负责海洋运动赛事的组织与管理、运动场馆的运营与维护、运动装备的供应与服务等工作。这些人才需要具备扎实的专业知识、敏锐的市场洞察力和良好的组织协调能力，能够确保海洋运动赛事的顺利进行和海洋运动产业的持续发展。

海洋运动管理人才需要负责赛事的策划、宣传、招商、安保等工作，确保赛事的圆满成功；同时，他们还需要对运动场馆进行日常管理和维护，提升场馆的服务质量和运营效率。海洋运动服务人才则主要负责为运动员和观众提供优质的服务体验，包括运动装备的租赁与销售、餐饮住宿的安排与接待、医疗急救的保障等。他们的工作直接关系到运动员和观众的满意度和忠诚度，对于提升海洋运动产业的品牌形象和市场竞争力具有重要意义。

（三）海洋运动科技创新与研发人才需求

随着科技的不断发展，海洋运动产业也在不断创新与升级。在这个过程中，科技创新与研发人才成为推动产业发展的重要力量。他们主要负责海洋运动装备的研发与设计、运动技术的创新与应用、运动数据的收集与分析等工作。这些人才需要具备扎实的科技功底和创新能力，能够紧跟时代潮流和市场需求，不断推出具有自主知识产权的高新技术产品和服务。

海洋运动科技创新与研发人才需要关注新材料、新技术、新工艺在海洋运动装备中的应用与发展；同时，他们还需要深入研究海洋运动技术的内在规律和特点，不断推动技术的创新与应用；此外，他们还需要利用大数据、云计算等现代信息技术手段对运动数据进行收集与分析，为运动员的训练和比赛提供科学依据和决策支持。这些工作对于提升海洋运动装备的性能和质量、推动海洋运动技术的创新发展、提高运动员的竞技水平具有重要意义。

综上所述，海洋运动人才是一个多元化、多层次的群体，他们在海洋运动产业中扮演着不同的角色，发挥着不同的作用。为了推动深圳海洋运动产业的持续健康发展，我们需要加强各类人才的培养与引进工作，为产业提供人才保障和智力支持。

二、海洋运动人才培养的重要性

在快速发展的深圳海洋运动产业中，人才培养不仅是产业发展的基础，更是推动产业持续创新与技术进步、提升国际竞争力与品牌影响力、促进海洋文化普及与可持续发展的关键要素。

（一）推动产业创新与技术进步

海洋运动产业作为一个集体育、旅游、科技等多领域于一体的综合性产业，其创新能力和技术水平的高低直接决定了产业的发展潜力和市场竞争力。专业运动员和教练员作为海洋运动技术的直接实践者和传播者，他们的专业技能、战术理解和创新能力是推动海洋运动技术不断向前发展的核心动力。通过系统的人才培养体系，可以不断提升运动员和教练员的综合素质，激发他们的创新潜能，从而推动海洋运动技术的不断革新和进步。

海洋运动科技创新与研发人才的培养更是产业创新的源泉。他们通过深入研究新材料、新技术、新工艺在海洋运动装备中的应用，不断探索海洋运动技术的内在规律和特点，为产业提供源源不断的创新动力。这些科技创新成果不仅能够提升海洋运动装备的性能和质量，还能够为运动员的训练和比赛提供更加科学、高效的解决方案，进一步推动海洋运动产业的发展。

（二）提升国际竞争力与品牌影响力

在全球化背景下，海洋运动产业的竞争已经不局限于国内市场，而是逐渐扩展到了国际市场。深圳作为中国的经济特区和创新高地，其海洋运动产业具有良好的发展优势。然而，要在国际市场上占据一席之地，就必须拥有具备国际竞争力和品牌影响力的人才队伍。

海洋运动人才的培养正是提升国际竞争力和品牌影响力的关键所在。通过培养具有国际视野、跨文化交流能力和高水平专业技能的运动员、教练员和管理人才，深圳海洋运动产业可以更好地融入国际市场，参与国际竞争。同时，这些优秀人才在国际赛事中的优异表现和突出成就，也将为深圳海洋运动产业赢得更多的国际关注和认可，进一步提升其品牌影响力和国际地位。

（三）促进海洋文化普及与可持续发展

海洋运动不仅是一种体育活动，更是一种文化现象。它蕴含着丰富的海洋文化元素和人文精神，是连接人与自然、传承海洋文明的重要纽带。因此，海洋运动人才的培养对于促进海洋文化的普及和可持续发展具有重要意义。

通过培养海洋运动人才，可以引导更多的人关注和参与海洋运动，感受海洋的魅力和力量，从而加深对海洋文化的理解和认同。同时，这些人才还可以成为海洋文化的传播者和推广者，通过他们的努力将海洋文化传递给更多的人群和地区。这种文化的普及和传播不仅有助于提升公众对海洋环境保护和可持续发展的意识，还能够促进海洋文化的多样性和繁荣性发展。

海洋运动产业的可持续发展也需要人才的支撑。通过培养具备环保意识和可持续发展理念的管理人才和科技创新人才，可以推动海洋运动产业向更加绿色、低碳、环保的方向发展。这些人才将致力于开发环保型海洋运动装备、推广节能减排的海洋运动方式、加强海洋生态保护等工作，为海洋运动产业的可持续发展提供有力保障。

因此，深圳应高度重视海洋运动人才的培养工作，加大投入力度和政策支持力度，为海洋运动产业的持续健康发展提供人才保障和智力支持。

第二节　深圳海洋运动产业人才培养现状

一、当前人才培养规模与结构

近年来，深圳海洋运动产业蓬勃发展，对专业人才的需求也日益增长。然而，要满足这一需求，必须深入了解当前的人才培养规模与结构，以便更好地规划未来的人才培养策略。

（一）专业院校与培训机构分布

在深圳，海洋运动产业的人才培养已经初步形成了由专业院校、职业培训机构以及社会俱乐部等多方参与的格局。专业院校方面，深圳及周边地区的高等院校纷纷开设与海洋运动相关的专业或课程。这些院校依托自身的学科优势和教学资源，为海洋运动产业输送了大量的基础理论扎实、专业技能过硬的毕业生。

同时，随着海洋运动产业的兴起，越来越多的职业培训机构也加入人才培养的行列中来。这些机构通常具有较强的实践性和针对性，能够根据市场需求和行业特点，设计出符合企业用人需求的培训课程。它们通过与企业合作、邀请行业专家授课等方式，为学员提供丰富的实践机会和前沿的行业资讯，帮助学员快速掌握职业技能并顺利就业。

此外，社会俱乐部也是海洋运动人才培养的重要力量。这些俱乐部不仅为爱好者提供了展示自我、交流技艺的平台，还通过组织培训、比赛等活动，发现和培养了一批具有潜力的年轻运动员和教练员。他们中的佼佼者往往能够成为未来海洋运动产业的领军人物。

（二）人才培养层次与领域

从人才培养的层次来看，深圳海洋运动产业的人才培养涵盖了从基础教育到高等教育的各个阶段。在基础教育阶段，学校通过开设体育课程、组织课外活动等方式，培养学生对海洋运动的兴趣和爱好；在中等教育阶段，学校则进一步加强学生的体能训练和技能培养，为未来的专业发展打下基础；在高等教育阶段，专业院校和培训机构则根据行业需求和学生兴趣，设置了多样化的专业和课程，涵盖了海洋运动管理、海洋运动技术、海洋运动医学等多个领域。

从人才培养的领域来看，深圳海洋运动产业的人才培养不仅注重运动员和教练员的培养，还关注海洋运动管理与服务人才的培养。运动员和教练员是海洋运动产业的核心力量，他们的专业技能和竞技水平直接影响到产业的发展水平。而海洋运动管理与服务人才则负责赛事的组织与管理、运动场馆的运营与维护、运动装备的供应与服务等工作，是保障产业顺利运行的重要支撑。

二、存在的问题与挑战

尽管深圳海洋运动产业的人才培养已经取得了一定的成绩，但仍面临着诸多问题和挑战。这些问题和挑战不仅制约了人才培养的质量和效率，也影响了产业的持续健康发展。

（一）人才供需不匹配

随着海洋运动产业的快速发展，对专业人才的需求日益旺盛。然而，目前市场上的人才供给却难以满足这一需求。

首先，由于海洋运动产业的专业性较强，对人才的专业素养和技能水平要求较高，而现有的教育体系往往难以培养出完全符合市场需求的人才。其次，一些新兴领域和岗位的人才需求尚未得到充分重视和满足，如海洋运动数据分析师、海洋运动心理咨询师等职业的人才缺口较大。最后，人才供需不匹配还表现在地域分布上。深圳作为海洋运动产业的重要发展区域，对人才的需求尤为迫切。然而，由于教育资源的不均衡分布和人才流动的限制，一些优秀的人才往往难以聚集到深圳。这不仅增加了企业的招聘成本和时间成本，也限制了产业的快速发展。

（二）培养体系不完善

深圳海洋运动产业的人才培养体系尚不完善，存在诸多问题和不足。

首先，课程设置和教学内容与市场需求脱节。一些专业院校和培训机构在课程设置和教学内容上过于注重理论知识的传授，而忽视了实践能力的培养和职业技能的训练。这导致学生在毕业后难以迅速适应市场需求和岗位要求。

其次，师资力量薄弱。目前，深圳从事海洋运动产业教学和研究的师资力量相对不足，高水平教师和专家匮乏。这不仅影响了教学质量和科研水平，也限制了学生在专业领域的深入学习和探索。

最后，实践教学环节薄弱。海洋运动产业是一个实践性很强的行业，需要学生在实践中不断摸索和积累经验。然而，目前一些专业院校和培训机构在实践教学环节上投入不足，缺乏与企业的深度合作和有效对接。这导致学生在校期间难以获得充分的实践机会和实战经验，影响了他们的职业发展和竞争力。

第三节 深圳海洋运动产业人才培养与教育途径

在快速发展的深圳海洋运动产业中，人才培养与教育途径的优化与创新是提升产业竞争力、促进产业升级的关键。本节将深入探讨深圳海洋运动产业人才培养与教育的有效途径。

一、加强高等教育与职业教育对接

（一）增设海洋运动相关专业

随着海洋运动产业的蓬勃发展，对专业人才的需求日益增长，而现有的教育体系在海洋运动相关专业的设置上尚显不足。因此，加强高等教育与职业教育的对接，首要任务是增设海洋运动相关专业。这包括但不限于海洋运动管理、海洋运动技术、海洋运动医学、海洋运动市场营销等专业方向。通过细化专业分类，明确培养目标，使教育内容与行业需求更加贴近，为产业输送更多具有专业素养和职业技能的人才。

在增设专业的过程中，应注重课程体系的科学构建。专业设置既要涵盖基础理论知识的传授，如海洋科学、体育科学、管理学等，又要注重实践技能的培养，如运动技术训练、赛事组织与管理、运动损伤预防与康复等。同时，专业的设置还应关注跨学科知识的融合，如信息技术、数据分析等在海洋运动领域的应用，以培养学生的综合素质和创新能力。

（二）优化课程设置与教学内容

课程设置与教学内容的优化是提升人才培养质量的关键。针对海洋运动产业的特点和需求，高校应不断优化课程设置，确保课程内容的前沿性、实用性和针对性。高校可以采取以下措施。

1. 引入行业前沿知识，紧跟时代步伐

随着科技的飞速发展和市场需求的不断变化，海洋运动产业正经历着前所未有的变革。为了使学生能够站在行业前沿，高校和职业院校需建立灵活的课程更新机制。这包括定期邀请行业专家开展讲座，分享最新的技术成果、市场动态及未来趋势；将最新的科研成果、行业标准、政策导向等内容纳入教学大纲，确保课程内容的前沿性和时效性；通过网络课程、在线研讨会等形式，让学生跨越地域限制，接触到全球范围内的行业前沿信息。

2. 强化实践教学，提升实战能力

海洋运动产业强调实践与操作的紧密结合，因此，实践教学环节的重要性不言而喻。高校和职业院校应大幅增加实践教学的比重，构建多层次的实践教学体系。这包括建立校内实训基地，模拟真实的海洋运动场景，如水上运动训练中心、潜水模拟舱等，供学生进行技能训练和模拟操作；积极与企业合作，建立校外实习基地，让学生参与真实的赛事组织、运动装备测试、运动数据分析等项目中，亲身体验行业运作流程，提升解决实际问题的能力；通过举办技能竞赛、创新创业大赛等活动，激发学生的实践兴趣和创新能力。

3. 实施项目化教学，培养综合能力

项目化教学是一种以项目为核心的教学模式，强调学生在完成具体项目的过程中学习知识和技能。在海洋运动产业人才培养中，实施项目化教学具有重要意义。通过参与赛事策划、运动装备研发、市场推广等实际项目，学生不仅能够将所学知识应用于实践，还能在团队合作中锻炼沟通协调、创新思维和项目管理等综合能力。为此，高校应与企业紧密合作，共同设计符合行业需求的项目任务，并为学生提供必要的指导和支持；同时，建立项目评价机制，对项目的完成情况进行客观评估，以检验学生的学习成果和综合能力。

4. 推行双师型教学，实现理论与实践深度融合

双师型教学是指具备理论教学能力和具备实践经验的教师共同承担教学任务的教学模式。在海洋运动产业人才培养中，推行双师型教学对于实现理论与实践的深度融合具有重要意义。高校应加大力度引进具有丰富实践经验的行业专家和企业高管担任兼职教师或客座教授，他们可以将行业内的最新技术和实践经验带入课堂，

为学生提供更加贴近实际的教学内容。同时，校内教师也应积极参与企业实践，了解行业动态和技术发展，不断提升自身的实践能力和教学水平。双师型教学可以克服传统教学中理论与实践相脱节的问题，促进理论知识与实践技能的有机融合。

二、推动校企合作与产教融合

（一）建立实习实训基地

实习实训基地是校企合作与产教融合的重要平台。通过建立实习实训基地，可以为学生提供真实的职业环境和岗位体验，帮助他们更好地适应市场需求和岗位要求。深圳海洋运动产业应积极与相关企业合作，共同建设一批高水平的实习实训基地。这些基地可以依托企业的实际运营项目，为学生提供从运动技术训练到赛事组织与管理、从运动装备研发到市场营销等全方位的实践机会。

在实习实训基地的建设过程中，应注重以下几个方面：一是确保基地设施设备的先进性和完善性，以满足实践教学的需要；二是加强师资队伍的建设和管理，确保实习实训活动的顺利开展；三是建立健全的考核评价机制，对实习实训效果进行客观评估和反馈。

（二）共同研发项目与技术

校企合作不仅是人才培养的重要途径，也是技术创新和产业升级的重要驱动力。深圳海洋运动产业应鼓励高校和职业院校与企业开展深度合作，共同研发具有自主知识产权的项目和技术。这不仅可以提升企业的技术实力和创新能力，还可以为高校和职业院校提供科研平台和实验条件，促进科研成果的转化和应用。

在共同研发项目与技术的过程中，应注重以下几个方面：一是明确研发目标和方向，确保项目与产业需求紧密结合；二是加强团队协作和沟通交流，形成产学研用一体化的创新体系；三是注重知识产权保护和管理，确保研发成果的合法性和有效性。

三、拓展国际交流与合作

（一）引进国际先进教育理念

深圳海洋运动产业要走向世界舞台，必须借鉴国际先进的教育理念和方法。通过引进国际先进教育理念，拓宽教育视野和思路，提升教育质量和水平。

1. 深化与国际知名高校和职业院校的交流与合作

深圳应主动搭建平台，加强与全球范围内在海洋运动、体育教育、运动科学等领域享有盛誉的高校和职业院校的交流与合作。通过定期的互访机制，促进双方师生之间的深度交流，共同探索海洋运动产业的新趋势、新技术和新模式。同时，鼓励并支持本地高校与国际名校开展联合办学项目，通过学分互认、双学位项目等形式，让学生有机会在两国或多国接受优质教育，培养其全球视野和跨文化交流能力。

2. 广泛引进外籍教师和专家，提升教育国际化水平

为了进一步提升深圳海洋运动产业教育的国际化程度，应加大力度引进具有丰富教学经验和行业背景的外籍教师和专家。这些外籍教师和专家不仅能为学生带来最前沿的专业知识，还能通过他们的教学风格和思维模式，激发学生的创新思维和批判性思考能力。同时，他们的加入也将为本地教师队伍注入新的活力，促进教学理念的更新与教学方法的革新。此外，还可以定期邀请外籍专家来校开展讲座、研讨会等，为师生提供一个与国际同行交流学习的宝贵机会。

3. 全面推广双语教学和国际课程，培养国际化人才

语言是沟通的桥梁，也是文化交流的媒介。为了提升学生的外语水平和跨文化交流能力，深圳应鼓励并支持高校和职业院校全面推广双语教学和国际课程。在海洋运动产业相关专业中，开设英语、法语、西班牙语等多语种的双语教学课程，让学生在掌握专业知识的同时，提高外语运用能力；引入国际认可的课程认证体系，如国际学士学位、国际课程认证等，确保教学内容与国际接轨，培养学生的全球竞争力；通过组织国际学生交流活动、海外实习项目等形式，让学生亲身体验不同国家的文化和社会环境，增强其国际视野和跨文化适应能力。

（二）参与国际赛事与交流活动

参与国际赛事与交流活动是提升深圳海洋运动产业国际影响力和竞争力的重要途径。通过参与国际赛事和交流活动，深圳可以展示海洋运动产业的实力和成果，学习借鉴国际先进经验和技术，促进产业交流与合作。为此，深圳应采取更加积极主动的策略，深化和国际赛事与交流活动的融合。

1. 积极申办与承办国际顶级赛事，打造海洋运动名城

深圳应充分利用其得天独厚的地理位置、完善的基础设施以及浓厚的海洋文化氛围，积极申办和承办各类国际海洋运动赛事。这些赛事不仅应涵盖传统水上运动，还应关注新兴海洋运动项目，以展现深圳海洋运动产业的多元化和创新性。通过承办国际赛事，深圳不仅能吸引全球顶尖运动员和教练员的关注与参与，还能在赛事

组织、运营管理、媒体宣传等方面积累宝贵经验，进一步提升城市在国际海洋运动领域的知名度和影响力。

2. 定期举办国际交流活动，促进知识与经验的共享

为了搭建更加广阔的国际交流平台，深圳应定期举办国际海洋运动论坛、研讨会、展览等活动。这些活动邀请国内外知名专家学者、行业领袖、企业代表等共同参与，围绕海洋运动产业的最新发展趋势、技术创新、市场拓展等议题进行深入交流与探讨。通过面对面的交流，参与者可以分享各自的成功经验和失败教训，共同探索海洋运动产业的发展路径和合作机会。同时，这些活动还能为深圳海洋运动产业吸引更多的国际关注与投资，推动产业向更高层次发展。

3. 加强与国际组织的合作，共筑海洋运动产业未来

与国际海洋运动组织建立长期稳定的合作关系，对于深圳海洋运动产业的国际化发展十分重要。深圳应主动寻求与国际奥委会、世界帆联、国际潜水联合会等国际组织的合作机会，共同推动海洋运动项目的普及与发展。通过与国际组织的合作，深圳可以获得更多的技术支持、政策指导和市场资源，为产业发展注入新的活力与动力。同时，深圳还可以借助国际组织的平台，参与制定国际海洋运动产业的规则和标准，提升在全球产业链中的地位和话语权。这种深度的国际合作将为深圳海洋运动产业带来更广阔的发展空间和更加美好的未来。

四、完善人才激励机制与政策支持

（一）设立专项基金与奖学金

为了吸引和留住优秀人才，深圳应设立专门的海洋运动产业人才发展基金和奖学金。这些基金和奖学金可以用于资助学生的学费、生活费以及科研项目的开展，为优秀学生和研究人员提供经济支持和激励。同时，相关部门和机构设立奖励机制，对在海洋运动领域取得显著成绩的个人或团队给予表彰和奖励，以激发其创新精神和积极性。

（二）提供创业就业优惠政策

为了鼓励更多人才投身于海洋运动产业，深圳应出台一系列创业就业优惠政策。这些政策可以包括税收减免、贷款贴息、场地租金优惠、创业指导服务等方面。对于初创企业和中小企业，可以提供创业孵化服务、风险投资引导基金等支持措施，帮助其解决资金短缺、市场开拓等难题。对于就业人员，可以提供职业技能培训、

就业指导服务、人才公寓等支持措施，降低其生活成本和就业压力。

政府还可以建立海洋运动产业人才信息库和招聘平台，为企业和求职者提供精准的人才对接服务；定期举办人才招聘会、行业交流会等活动，加强企业与求职者之间的沟通交流，促进人才合理流动和优化配置。

第八章 深圳海洋运动产业的品牌建设

品牌建设是提升产业竞争力和市场认知度的重要策略。本章将探讨品牌建设的基本概念，深圳海洋运动产业品牌建设的重要性、现状及其建设策略。通过对深圳海洋运动产业品牌建设现状的分析，提出相应的品牌建设策略，旨在帮助产业建立强有力的品牌形象，提高市场影响力和竞争力，推动产业的可持续发展。

第一节 品牌建设概述

一、品牌概述

（一）品牌的概念

品牌是企业对其提供的货物或服务所定的名称、术语、记号、象征、设计或其组合。主要供消费者识别之用。品牌的组成可分为两部分：一是品牌名称，指品牌中可以用语言称呼的部分；二是品牌标志，指品牌中可以被识别但不能用语言称呼的部分，如符号、设计、色别等。企业将某品牌在政府有关主管部门登记注册以后，即成为商标。

（二）品牌的价值

1. 优质的品牌可以节省市场营销费用

具有品牌资产的产品或服务，不仅可以吸引新客户，而且可以留住老客户。如果该品牌具有较高的知名度和客户忠诚度，企业不需要花很大的市场营销费用，就可以达到很好的效果。因此，具有品牌资产的产品或服务可以节省大量的市场营销费用。

2.优质的品牌可以增加产品或服务的附加值

品牌可以满足客户的心理需求和价值实现需求。因此，拥有品牌的产品或服务相较于无品牌的产品或服务，具有更高的附加值，这使得它们能够以更高的价格出售产品。如果是强势品牌，则可以获得更高的溢价，从而为企业带来更高的收益。

3.优质的品牌可以提升企业的形象

良好的品牌资产可以使客户对公司产生良好的印象和丰富的联想，从而有助于提升公司的形象。

4.优质的品牌可以提高企业竞争力

良好的品牌资产可以设置竞争壁垒，提高企业的竞争力。

5.优质的品牌有助于企业扩展

品牌代表着信誉，代表着企业对客户的一致性承诺。品牌资产，可以让客户产生一系列合作联想，从而为企业有效扩展提供条件。

（三）品牌与企业的关系

1.品牌与企业文化的关系

企业品牌与企业文化有着密切的关系。文化与品牌之间如果产生矛盾，企业内部也会陷入混乱，只有二者协调统一，对外才能得到认可，对内才能凝聚力量，为企业的发展提供坚实的保障。

2.品牌与企业诚信的关系

诚信是企业得到认可的基础，是树立品牌形象最有力的保障。处理好诚信与企业品牌建设管理的关系是企业维护信誉、树立良好形象的关键，也是企业生存与长远发展的重要前提。

3.品牌与企业核心竞争力的关系

企业的核心竞争力是企业在市场立足的根本所在，而企业品牌本身就是企业的软实力。拥有强大核心竞争力的企业会打造出让人认可的品牌，令人认可的品牌则会极大地提升企业的核心竞争力。

4.品牌与企业战略的关系

企业战略是对企业各种战略的统称，当然其中也包含品牌战略，二者是整体与部分的关系。在企业品牌管理与建设的问题上，要遵从企业的整体战略，做到协调一致、相互促进。

二、品牌建设的基本内涵

品牌建设是可以增加企业的凝聚力、增强企业的吸引力与影响力、提高企业知名度和强化竞争力的一种文化力，是推动企业发展和社会进步的一个积极因素。认识品牌建设的基础与核心是企业品牌建设的前提。企业运用的品牌策略是品牌建设的重要手段。

（一）品牌建设的概念

美国著名的营销学者、被誉为"现代营销学之父"的菲利普·科特勒将品牌的定义表述为："品牌是一种名称、术语、标记、符号或设计，或是它们的组合运用，其目的是借以辨认某个销售者或某群销售者的产品或服务，并使之同竞争对手的产品和服务区别开来。"[1]

品牌建设是指品牌拥有者对品牌进行的规划定位、设计等行为。品牌建设的利益表达者和主要组织者是品牌拥有者（品牌母体）。品牌是一种无形资产，品牌就是知名度，有了知名度就具有凝聚力与扩散力。企业品牌是经济的细胞，企业品牌是带动经济的动力。品牌的建设首先要以诚信为先，没有诚信的企业，品牌就无从谈起。企业品牌的建设只有以产品质量和产品特色为核心，才能提高消费者的信任感和忠诚度，增强产品市场占有率、提升企业经济效益。

（二）品牌建设的主体

品牌建设是一个涉及多主体的长期的系统工程，需要发挥积极的能动作用。品牌建设的主体可以划分为狭义主体和广义主体。狭义的品牌建设主体是指品牌的直接建设者和所有者，一般认为是产品加工企业。广义的品牌建设主体是涉及参与品牌建设一般过程的所有组织，包括企业、政府、行业协会等。

1. 企业

在实际的商业经济活动中，品牌作为一种无形资产能够提升生产加工企业产品竞争力，增加企业利润，其首要的规划者、建设者、维护者是狭义的产品品牌建设主体，即企业。因此，企业有直接的利益动因去规划产品品牌建设工作。总的来说，产品品牌建设的主要的和基本的主体是生产企业。

2. 政府

产品品牌建设的领导主体和管理主体是政府，包括中央政府和地方政府。产品品牌建设过程中离不开政府政策的倾斜和资金的支持。中央政府制定质量标准和认

---

1 尹宏. 品牌，企业腾飞的引擎 [J]. 中国邮政，2018（5）：54-55.

定体系、管理产品品牌商标等；地方政府在中央政府的领导下，负责督促产品品牌的建设工作顺利进行、产品标准质量的实施和遵守以及相关的具体执法工作等。

3. 行业协会

产品品牌建设的重要参与者是行业协会，组成单位包括业务部门、龙头企业、地方财团、科研机构和高校；协会的组成人员包括部门的领导、龙头企业总裁、知名企业的高层管理人员、科研机构负责人、高校专家等。

行业协会是非营利性组织，目的是谋取、维护和促进全体协会成员的利益。工作内容为"提供服务、反映诉求、规范行为"。行业协会作用主要体现在：政府和企业间的纽带与桥梁、协助市场定价、执行质量监督、开展市场调研等。

第二节　深圳海洋运动产业品牌建设的重要性

一、提升产业竞争力

（一）差异化竞争优势的构建

在深圳海洋运动产业中，品牌建设是构建差异化竞争优势的重要举措。随着全球海洋运动市场的日益成熟和消费者需求的多元化，单纯的产品功能和服务已难以满足市场的个性化需求。品牌通过其独特的价值观、文化内涵和视觉形象，为产品赋予了超越物理属性的情感价值，从而在消费者心中形成独特的记忆点和偏好。深圳海洋运动产业通过加强品牌建设，能够明确自身在市场中的独特定位，与竞争对手形成鲜明对比，吸引并留住那些认同品牌理念和价值的消费者，从而在激烈的市场竞争中脱颖而出。

（二）国际舞台上的话语权

品牌建设关乎深圳海洋运动产业在国际舞台上的话语权和影响力。一个具有强大品牌影响力的企业，不仅能够在本土市场占据领先地位，更能在国际市场上赢得尊重和认可。深圳作为中国的创新之城和海洋经济发展的前沿阵地，其海洋运动产业品牌的建设，将直接影响到中国乃至亚洲地区在全球海洋运动领域的地位和形象。通过打造具有国际影响力的品牌，深圳可以吸引更多国际赛事、投资和技术合作，促进产业与国际接轨，提升在全球产业链中的地位和话语权。

（三）创新驱动与品牌升级

品牌建设的过程，也是产业不断创新和升级的过程。为了保持品牌的竞争力和吸引力，深圳海洋运动产业必须不断投入研发，推出符合市场趋势和消费者需求的新产品、新服务。这种创新驱动不仅体现在产品和服务的创新上，更体现在品牌理念、传播方式和营销策略的创新上。通过品牌建设，深圳海洋运动产业能够形成一套完整的创新体系，推动产业从低附加值向高附加值、从粗放型向集约型转变，实现产业的全面升级。

二、增强市场认知度与美誉度

（一）塑造品牌形象，提升知名度

品牌是企业和产品的重要标识，它能够帮助消费者在众多同类产品中迅速识别出目标品牌。深圳海洋运动产业通过精心设计和打造品牌形象，包括品牌名称、标志、口号、视觉识别系统等元素，可以形成独特的品牌识别体系，增强品牌在市场中的辨识度；通过有效的品牌传播和推广活动，如广告宣传、公关活动、社交媒体营销等，可以进一步扩大品牌的知名度和影响力，使更多消费者了解和关注深圳海洋运动产业。

（二）传递品牌价值，建立信任感

品牌不仅仅是一个标识或符号，它还承载着企业的价值观、使命和愿景。深圳海洋运动产业通过品牌建设，可以清晰地向消费者传达品牌的独特价值主张和理念，如环保、健康、激情等。这些价值主张与消费者的价值观相契合时，就能够建立起品牌与消费者之间的情感联系和信任感。当消费者对品牌产生信任时，他们更愿意选择该品牌的产品和服务，并愿意为之支付溢价。这种信任感是品牌美誉度的重要来源，也是品牌持续发展的基础。

（三）口碑传播，提升美誉度

在社交媒体和互联网高度发达的今天，消费者的口碑传播对品牌美誉度的影响越来越大。深圳海洋运动产业通过提供优质的产品和服务，以及积极的品牌互动和体验活动，可以赢得消费者的好评和推荐。这些好评和推荐通过社交媒体、在线评价平台等渠道迅速传播开来，形成强大的口碑效应。口碑传播具有高度的可信度和影响力，它能够吸引更多潜在消费者的关注和兴趣，从而进一步提升品牌的美誉度和市场竞争力。

三、促进产业升级与转型

（一）引领技术革新与产业升级

品牌建设是推动产业升级与转型的重要动力。深圳海洋运动产业在品牌建设过程中，需要不断投入研发和创新，以满足消费者对高品质、高科技产品的需求。这种投入不仅促进了新技术的研发和应用，还推动了产业结构的优化和升级。通过品牌建设，深圳海洋运动产业可以形成一批具有自主知识产权和核心竞争力的企业，引领整个产业向高端化、智能化、绿色化方向发展。

（二）带动产业链上下游协同发展

品牌建设还能够带动产业链上下游的协同发展。一个成功的品牌不仅意味着企业自身的发展壮大，更意味着其背后庞大的产业链和供应链的繁荣。深圳海洋运动产业通过品牌建设，可以吸引更多上下游企业的加入和合作，形成完整的产业链和生态圈。这种协同发展不仅降低了企业的运营成本和市场风险，还提高了整个产业链的竞争力和附加值。

（三）促进业态创新与融合发展

品牌建设还促进了海洋运动产业与其他相关产业的融合与创新。深圳作为中国的创新之城，其海洋运动产业在品牌建设过程中，积极探索与旅游、文化、科技、教育等产业的融合发展路径。通过跨界合作和资源共享，深圳海洋运动产业不断拓展新的业务领域和市场空间，形成了多元化的业态模式和盈利模式。这种融合发展不仅提升了产业的综合竞争力，还为消费者提供更加丰富多样的海洋运动体验和服务。

四、推动深圳海洋中心城市建设

（一）增强城市品牌影响力

深圳海洋运动产业的品牌建设，是深圳海洋中心城市建设的重要组成部分。一个具有强大品牌影响力的海洋运动产业，能够显著提升深圳作为海洋中心城市的国际知名度和影响力。深圳通过打造具有国际竞争力的海洋运动品牌，不仅能够吸引全球的目光，还能够促进国际的交流与合作，为全球海洋中心城市的建设注入新的活力和动力。这些品牌将成为深圳的名片，向世界展示深圳在海洋运动领域的创新成果和发展潜力。

（二）促进海洋经济与城市发展融合

海洋运动产业与深圳城市发展的深度融合，是推动深圳海洋中心城市建设的关键。品牌建设不仅促进了海洋运动产业自身的繁荣，还带动了相关产业的发展，如旅游、交通、住宿、餐饮等，形成了海洋经济的多元化发展格局。这种融合发展不仅丰富了深圳的城市经济形态，还提升了城市的综合竞争力和可持续发展能力。同时，海洋运动产业的发展也为深圳的城市建设提供了新的空间和发展机遇，如海洋运动设施的建设、滨海区域的开发等，进一步推动了深圳城市面貌的改善和升级。

（三）提升城市文化软实力

品牌建设还有助于提升深圳的城市文化软实力。海洋运动产业蕴含着丰富的文化内涵和人文精神，如冒险、探索、团队合作等。深圳通过打造具有特色的海洋运动品牌，可以深入挖掘和传承这些文化内涵，形成独特的城市文化品牌。这种文化品牌不仅能够增强市民的归属感和自豪感，还能够吸引更多国内外游客前来体验和感受深圳的海洋文化魅力。同时，海洋运动产业还促进了体育文化的传播和交流，提升了深圳在国际体育文化领域的影响力和地位。

（四）推动海洋生态环境保护与可持续发展

品牌建设还促进了深圳对海洋生态环境的保护和可持续发展。随着海洋运动产业的快速发展，海洋生态环境保护成为一个不可忽视的问题。深圳在品牌建设过程中，注重将环保理念融入产业发展之中，推动形成绿色、低碳、循环的海洋运动产业发展模式。通过加强海洋生态保护、推广环保技术和产品、增强公众环保意识等措施，深圳不仅保护了海洋生态环境，还促进了海洋运动产业的可持续发展。这种发展模式不仅符合全球可持续发展的趋势和要求，也为深圳海洋中心城市的建设提供了坚实的生态保障。

因此，深圳应高度重视海洋运动产业的品牌建设工作，加大投入力度和政策支持，推动海洋运动产业与城市发展的深度融合和互动共赢。通过品牌建设，深圳将进一步巩固其在全球海洋运动领域的领先地位，为打造具有国际影响力的海洋中心城市奠定坚实基础。

第三节 深圳海洋运动产业品牌建设现状

一、品牌数量与分布情况

（一）知名品牌概览

近年来，深圳的海洋运动产业迅速发展，涌现出一批具有一定知名度的品牌。这些品牌覆盖了各种类型的海洋运动项目，形成了多样化的品牌矩阵。知名品牌如大梅沙国际水上运动中心等，通过高质量的设备和专业的培训服务，在国内外均享有较高的声誉。

（二）品牌地域分布特征

深圳的海洋运动品牌主要集中在南山区、大鹏新区和福田区等沿海区域。这些区域不仅自然条件优越，适合开展各种海洋运动项目，而且基础设施完善，交通便利，为品牌的发展提供了良好的环境。

南山区作为深圳的核心区之一，拥有丰富的海洋资源和先进的体育设施，是多个知名海洋运动品牌的发源地。大鹏新区则因其优美的自然风光和独特的地理位置，成为海洋运动品牌集聚的热点区域。这里有多个大型海洋运动基地和俱乐部，吸引了众多海洋运动爱好者前来体验和参与。

二、品牌影响力与市场占有率

（一）品牌影响力评估

深圳的海洋运动品牌在国内外市场中具有较高的影响力。通过举办各类大型赛事和活动，这些品牌不仅吸引了大量的国内外参赛者和观众，还赢得了广泛的媒体关注和社会认可。

品牌影响力的评估可以从多个维度进行，包括市场认知度、客户满意度、媒体曝光度等。例如，深圳国际游艇俱乐部通过举办国际帆船赛、游艇展等活动，提升了品牌的国际影响力。同时，这些品牌还注重与媒体的合作，通过各种渠道进行品牌推广。例如，深圳大梅沙国际水上运动中心通过与主流媒体和新媒体平台的合作，定期发布赛事和活动信息，增强了品牌的传播力和影响力。

（二）市场占有率分析

深圳的海洋运动品牌在国内市场中占据了一定的份额，尤其是在高端和专业市场中具有较强的竞争力。以深圳国际游艇俱乐部为例，其市场占有率在国内游艇租赁和培训市场中名列前茅。南澳珊瑚海潜水中心则在潜水市场中占据重要位置，成为众多海洋运动爱好者的首选品牌。

品牌的市场占有率还与其市场营销策略密切相关。深圳的海洋运动品牌通过精准的市场定位和有效的营销手段，成功吸引了目标客户群体。例如，深圳大梅沙国际水上运动中心通过开展丰富多样的市场推广活动，提升了品牌的市场占有率和客户忠诚度。

三、品牌建设存在的问题与挑战

（一）品牌认知度不高

尽管深圳的海洋运动品牌在业内具有一定的知名度，但在大众市场中的认知度仍有待提升。部分品牌虽然在专业圈层内享有较高的声誉，但由于市场推广力度不足，其在普通消费者中的知名度较低。

品牌认知度不高的问题主要源于市场宣传的不足和传播渠道的有限。许多品牌在宣传推广上投入不足，缺乏系统的品牌营销策略，导致品牌知名度难以进一步提升。此外，品牌在与消费者的互动和沟通上也存在不足，未能充分利用社交媒体和新媒体平台进行品牌传播。

要提升品牌认知度，深圳的海洋运动品牌需要加大市场宣传力度，制定系统的品牌营销策略；通过与媒体的合作，开展多样化的市场推广活动；利用社交媒体平台进行品牌传播，增强品牌的市场曝光度和影响力。

（二）品牌差异化不足

深圳的海洋运动品牌在市场竞争中存在品牌差异化不足的问题。由于品牌定位雷同、服务内容单一，许多品牌难以在市场中脱颖而出，形成鲜明的品牌特色。

品牌差异化不足的问题主要体现在以下几个方面：一是品牌定位雷同，缺乏独特的市场定位和竞争优势；二是服务内容单一，未能根据市场需求进行创新和差异化服务；三是品牌形象不鲜明，缺乏独特的品牌文化和个性。

要解决品牌差异化不足的问题，深圳的海洋运动品牌需要明确市场定位，突出品牌特色，通过创新服务内容，提供个性化和差异化的服务，满足不同消费者的需求；

同时，品牌还需要塑造鲜明的品牌形象，打造独特的品牌文化，提升品牌的市场竞争力和吸引力。

（三）品牌国际化程度有限

尽管深圳的海洋运动品牌在国内市场具有较高的知名度，但在国际市场中的影响力和竞争力仍较为有限。品牌国际化程度不足，导致其在全球市场中的发展受到制约。

品牌国际化程度有限的问题主要体现在以下几个方面：一是品牌在国际市场中的知名度较低，未能充分利用国际赛事和活动提升品牌影响力；二是品牌的国际市场拓展能力不足，缺乏系统的国际化战略和执行计划；三是品牌在国际市场中的竞争力较弱，未能提供符合国际标准的服务和产品。

要提升品牌的国际化程度，深圳的海洋运动品牌需要制定系统的国际化战略，积极参与国际赛事和活动，提升品牌的国际知名度和影响力；同时，品牌还需要加强国际市场的拓展能力，制订详细的国际市场拓展计划，提升品牌在国际市场中的竞争力和影响力。

通过优化品牌建设，深圳的海洋运动品牌可以进一步提升市场竞争力和影响力，为海洋运动产业的发展提供有力支持。

第四节　深圳海洋运动产业品牌建设策略

一、明确品牌定位与差异化策略

（一）精准定位目标市场

在深圳海洋运动产业品牌建设的过程中，精准定位目标市场是首要任务。由于海洋运动涉及多个细分领域，如潜水、冲浪、帆船、游艇等，每个领域都有其特定的消费群体和市场需求。因此，品牌需要深入了解不同领域的特点和消费者的偏好，通过市场调研和数据分析，明确自身的目标市场。例如，品牌对于潜水品牌而言，可以定位于专业潜水爱好者或寻求新奇体验的高端旅游者；而对于游艇品牌，则可能更侧重于富裕阶层和追求奢华生活方式的消费者。通过精准定位目标市场，品牌可以更加有针对性地制订营销策略和推广计划，提高市场占有率和品牌知名度。

（二）挖掘品牌独特价值

在竞争激烈的海洋运动市场中，品牌要想脱颖而出，就必须拥有独特的价值主张。这种独特价值可以是产品本身的创新设计、卓越性能或高品质材料，也可以是品牌所传递的文化理念、生活方式或情感连接。深圳海洋运动品牌应深入挖掘自身的独特价值，并通过各种方式将其传达给目标消费者。例如，品牌可以通过讲述品牌故事、展示产品背后的设计理念和技术创新等方式，增强消费者对品牌的认同感和归属感。同时，品牌还可以与消费者建立情感连接，通过提供个性化的服务体验、举办品牌活动等方式，让消费者感受到品牌的独特魅力和价值。

（三）强化品牌差异化特征

在明确品牌定位和挖掘品牌独特价值的基础上，深圳海洋运动品牌还需要进一步强化自身的差异化特征。差异化是品牌在市场竞争中脱颖而出的关键。品牌可以通过产品设计、包装、服务等多个方面来打造差异化特征。例如，在产品设计上，可以注重创新性和实用性相结合，推出符合消费者需求的新产品；在包装上，可以采用环保材料和高品质印刷工艺，提升产品的档次；在服务上，可以提供个性化定制、快速响应等优质服务，满足消费者的不同需求。通过强化品牌差异化特征，品牌可以在消费者心中树立独特的品牌形象和地位，提高品牌忠诚度和市场竞争力。

二、加强品牌宣传与推广

（一）利用多渠道宣传资源

在品牌宣传与推广方面，深圳海洋运动品牌应充分利用各种渠道资源，实现品牌信息的广泛传播。首先，可以通过传统媒体如电视、广播、报纸等进行品牌宣传，这些媒体具有覆盖面广、影响力大的特点，可以快速提升品牌知名度。其次，可以利用互联网和移动互联网等新兴媒体进行品牌推广。通过建立官方网站、开设社交媒体账号、发布网络广告等方式，吸引更多年轻消费者的关注和参与。最后，可以与旅游机构、体育赛事组织者等合作，通过赞助活动、提供赛事装备等方式，扩大品牌曝光度和影响力。

（二）举办品牌活动提升曝光度

举办品牌活动是提升品牌曝光度和影响力的重要手段之一。深圳海洋运动品牌可以结合自身特点和市场需求，定期举办各类品牌活动。例如，可以组织潜水体验日、帆船比赛、游艇展览等活动，吸引消费者参与并体验品牌产品。通过活动现场的展示和互动环节，可以让消费者更直观地了解品牌文化和产品特点，增强品牌印象和好感度。同时，品牌活动还可以为品牌带来媒体关注和报道机会，进一步提升品牌知名度和美誉度。

（三）运用新媒体提升互动性

在数字化时代，新媒体已成为品牌与消费者互动的重要平台。深圳海洋运动品牌应充分利用社交媒体、短视频平台等新媒体工具，与消费者建立更加紧密的联系。通过发布有趣、有价值的内容吸引用户关注并参与互动；利用直播、短视频等形式展示产品特性和使用场景；开展线上活动如抽奖、答题等增加用户参与度和黏性。通过运用新媒体提升互动性，品牌可以更加精准地了解消费者需求和反馈，及时调整营销策略和推广计划；同时也可以通过互动活动增加用户黏性和忠诚度，为品牌长期发展奠定坚实基础。

三、提升品牌产品质量与服务水平

（一）加强产品质量控制

产品质量是品牌立足之本。深圳海洋运动品牌应高度重视产品质量控制工作，建立完善的质量管理体系和检测标准。从原材料采购到生产加工再到成品检验的每一个环节都要严格把关，确保产品质量符合国家标准和消费者期望。此外，品牌还应不断引进先进技术和设备，提高生产效率和产品质量水平；加强员工培训和技能提升工作，提高员工素质和操作技能水平；定期开展产品质量检测和评估工作，及时发现并解决问题，确保产品质量稳定可靠。

（二）优化服务流程与体验

优质服务是提升品牌竞争力的重要因素之一。深圳海洋运动品牌应不断优化服务流程和服务体验以满足消费者日益增长的个性化需求，赢得更多消费者的信任和支持，为品牌的长期发展奠定基础。首先，可以简化服务流程，减少消费者等待时间和烦琐手续；其次，可以提供个性化定制服务，满足消费者的不同需求；再次，加强售后服务体系建设，及时响应消费者投诉和建议，解决消费者提出的问题；最后，通过提供增值服务，如会员制度、积分兑换等方式，增加消费者黏性和忠诚度。

（三）建立客户反馈机制

客户反馈是品牌改进和提升的重要依据之一。

1. 多渠道收集反馈

品牌应确保消费者可以通过多种渠道方便地提供反馈，包括在线调查、社交媒体评论、客服电话、电子邮件以及线下门店的反馈箱等。这种多渠道的方式能够覆盖更广泛的消费群体，确保不同偏好的消费者都能找到适合自己的反馈途径。

2. 定期分析与评估

对收集的反馈，品牌应定期进行整理、分析和评估。品牌可以设立专门的团队或委托第三方机构来处理这些数据，识别出消费者最关心的问题、产品和服务的优点与不足，以及潜在的改进机会。这些分析结果将成为品牌决策的重要依据。

3. 快速响应与改进

对于消费者提出的合理建议和投诉，品牌应迅速响应并采取有效措施进行改进。这不仅能解决当前的问题，还能向消费者展示品牌的责任心和专业性，增强品牌信任度。同时，品牌还可以将改进成果及时反馈给消费者，让他们感受到自己的声音被重视和采纳。

4. 激励机制鼓励反馈

为了鼓励更多消费者提供反馈，品牌可以设立一些激励机制，如积分奖励、优惠券、抽奖活动等。这些激励措施可以激发消费者的参与热情，提高反馈的质量和数量。同时，品牌还可以通过分享优秀反馈案例、展示改进成果等方式，进一步激发消费者的参与感和归属感。

5. 持续优化与迭代

客户反馈机制不应仅仅是一个短期的应对措施，而应成为品牌持续优化的重要手段。品牌应定期回顾和评估反馈机制的有效性，根据市场变化和消费者需求的变化进行适时调整和优化。同时，品牌还应将反馈机制与产品研发、市场营销、客户服务等各个环节紧密结合起来，形成一个闭环的生态系统，推动品牌不断向前发展。

四、推动品牌国际化进程

（一）参与国际赛事与交流活动

1. 战略性地选择国际赛事

深圳海洋运动品牌应积极参与国际知名的海洋运动赛事，如国际帆船大奖赛等，此类赛事不仅具有广泛的国际影响力，还是为品牌提供展示产品和技术实力的绝佳平台。品牌可以通过赞助、合作或参赛等形式参与，确保品牌在国际舞台上获得曝光，同时与全球范围内的运动爱好者和专业人士建立联系。

2. 深化国际交流与合作

除了参与赛事外，品牌还应积极寻求与国际海洋运动组织、行业协会、科研机构等的交流与合作。这些机构通常拥有丰富的资源和广泛的网络，能够帮助品牌了解国际行业动态、掌握最新技术趋势，并促进品牌在国际市场上的拓展。通过交流与合作，品牌可以学习借鉴国际先进经验，提升自身竞争力，同时扩大品牌在国际市场的影响力。

3. 推广品牌文化与价值观

在国际赛事与交流活动中，品牌不仅要展示产品和技术实力，更要注重推广自身的品牌文化和价值观。这包括品牌的历史、愿景、使命以及所倡导的生活方式等。通过讲述品牌故事、展示品牌特色等方式，品牌可以吸引更多国际消费者的关注和认同，进而提升品牌的国际知名度和美誉度。

（二）拓展海外市场与渠道

1. 市场调研与定位

在拓展海外市场之前，品牌需要进行充分的市场调研，了解目标市场的文化、消费习惯、竞争环境等因素。基于调研结果，品牌应明确自身在目标市场中的定位，包括目标消费群体、产品定位、价格策略等。这将有助于品牌更好地适应市场需求，提高市场进入的成功率。

2. 多元化渠道布局

品牌应根据目标市场的特点和需求，采取多元化的渠道布局策略。这包括与当地经销商合作、建立直营店或旗舰店、发展线上电商平台等。通过多元化渠道布局，品牌可以更加灵活地应对市场变化，提高市场覆盖率和销售额。同时，品牌还应注重渠道间的协同与互补，形成合力推动品牌在国际市场上的发展。

3. 本地化策略

在拓展海外市场时，品牌需要注重本地化策略的实施。这包括产品本地化、营销本地化和服务本地化等方面。产品本地化是指根据目标市场的需求和偏好调整产品设计和功能；营销本地化则是针对目标市场的文化背景和消费习惯制定营销策略和推广方案；服务本地化则是提供符合当地消费者需求的服务支持和售后保障。通过实施本地化策略，品牌可以更好地融入当地市场，提高品牌竞争力和市场占有率。

（三）加强与国际品牌合作

1. 寻求优势互补的合作伙伴

深圳海洋运动品牌应积极寻求与国际知名品牌的合作机会，特别是那些在产品、技术、市场等方面具有互补优势的品牌。通过合作，品牌可以共享资源、降低成本、提高效率，并借助合作伙伴的品牌影响力和市场渠道拓展自身业务。这种合作模式有助于品牌在国际市场上迅速站稳脚跟并提升竞争力。

2. 共创共赢的合作模式

在与国际品牌合作时，品牌应坚持共创共赢的合作原则。双方应充分沟通、协商并达成共识，共同制订合作计划。在合作过程中，双方应相互支持、密切配合，共同应对市场挑战和风险。通过共同努力和协作，双方可以实现优势互补、资源共享和互利共赢的目标。

3. 建立长期稳定的合作关系

品牌应致力于与国际品牌建立长期稳定的合作关系。这不仅可以为双方提供持续的合作机会和利益保障，还可以增强双方之间的信任和默契。为了维护这种长期稳定的合作关系，品牌需要注重合作过程中的沟通和协调，及时解决出现的问题和分歧；同时还需要关注合作伙伴的发展动态和市场变化，及时调整合作策略和计划以适应市场需求的变化。

五、构建品牌保护体系

（一）加强品牌知识产权保护

1. 完善知识产权管理体系

品牌应建立完善的知识产权管理体系，包括专利、商标、著作权等知识产权的申请、注册、维护和管理等环节。通过建立健全的管理制度和流程，品牌可以确保自身知识产权的合法性和有效性，为品牌保护提供坚实的法律基础。

2. 强化知识产权意识

品牌应加强对员工和合作伙伴的知识产权教育和培训，增强他们的知识产权意识和保护意识。通过宣传教育和案例分析等方式，让员工和合作伙伴了解知识产权的重要性和保护方法；同时鼓励他们积极参与知识产权的创造和保护工作，为品牌保护贡献力量。

3. 加大知识产权投入

品牌应加大在知识产权方面的投入力度，包括资金、人力和物力等方面的投入。

通过加大投入，品牌可以加强知识产权的申请和注册工作；加强知识产权的监测和维护工作；加强知识产权的维权和打假工作。这些措施将有助于提高品牌的知识产权保护水平和市场竞争力。

（二）打击品牌侵权行为

1. 建立侵权监测机制

品牌应建立侵权监测机制，通过定期监测市场和网络等渠道，及时发现和识别侵权行为。监测机制应包括多种手段和方法，如关键词搜索、侵权举报、第三方监测等。通过及时监测和识别，品牌可以迅速响应并采取有效措施来打击侵权行为，保护自身权益。

2. 严厉打击侵权行为

一旦发现侵权行为，品牌应立即采取行动，包括向相关执法机构举报、发送警告函或采取法律手段进行维权。在维权过程中，品牌应确保证据的充分性和合法性，以便在法律程序中占据有利地位。同时，品牌还可以与行业协会、专业打假机构等合作，共同打击侵权行为，形成合力保护品牌权益。

3. 增强公众意识

品牌还应积极宣传知识产权的重要性和保护知识产权的必要性，提高公众对品牌侵权行为的认知和警惕性。通过发布宣传资料、开展公益活动、参与社会监督等方式，品牌可以引导消费者和社会各界共同参与品牌保护中，形成全社会共同打击品牌侵权的良好氛围。

（三）建立品牌危机应对机制

1. 危机预警与监测

品牌应建立完善的危机预警与监测体系，通过收集和分析市场信息、媒体报道、消费者反馈等渠道，及时发现并评估潜在的危机事件。预警系统应能够敏锐捕捉市场变化、政策调整、舆论导向等关键信息，为品牌提供及时的危机预警和风险提示。

2. 制定应急预案

在危机预警的基础上，品牌应提前制定详细的应急预案，明确危机事件的分类、级别、应对措施和责任人等要素。预案应涵盖危机公关、法律诉讼、产品召回、消费者安抚等多个方面，确保在危机发生时能够迅速响应并有效应对。

3. 迅速响应与妥善处理

一旦危机事件发生，品牌应立即启动应急预案，迅速组织相关力量进行应对。

在应对过程中，品牌应保持冷静、透明和诚信的态度，及时与消费者、媒体和政府部门沟通，说明情况并表达歉意。同时，品牌还应积极采取措施解决问题、修复损失，并加强后续监管和改进工作，防止类似事件再次发生。

4. 总结反思与持续改进

危机事件处理完毕后，品牌应及时进行总结反思，分析危机发生的原因、过程和结果，总结经验教训并提炼改进建议。通过总结反思，品牌可以不断完善危机应对机制和提高危机管理能力，为未来的品牌保护和发展提供有力保障。

第九章　深圳海洋运动产业的实践探索

实践探索是检验理论和策略有效性的手段。本章对深圳海洋运动产业的实践探索进行了深入探讨，包括海洋运动赛事的举办与运营、海洋运动俱乐部的运营与管理以及海洋运动旅游的开发与推广。通过对这些实践探索活动的分析，总结成功经验和存在的问题，提出改进建议，以指导未来的实践活动，并推动深圳海洋运动产业的全面发展。

第一节　海洋运动赛事的举办与运营

一、赛事规划与设计

在筹备任何一项海洋运动赛事时，赛事的规划与设计都是保证赛事成功举办的首要步骤。这一过程不仅关乎赛事的短期执行，更关乎其长期影响力和可持续发展。

（一）赛事定位与目标

1. 明确赛事级别与影响力

赛事的定位是赛事规划的核心，它决定了赛事的规格、规模和影响力。深圳在举办海洋运动赛事时，应充分考虑自身资源、城市形象及国际地位，合理确定赛事级别。例如，将赛事定位为世界级、国家级或地区级赛事，以满足不同层次的参与者和观众需求。世界级赛事如帆联世界杯帆船赛，能够吸引全球顶尖选手参与，提升深圳的国际知名度和影响力；国家级或地区级赛事则更注重本土文化的融入和区域合作，促进地方经济发展和社会交流。

在确定赛事级别的基础上，还需明确赛事的影响力目标。这包括媒体曝光度、观众参与度、赞助商吸引力等多个方面。通过制定详细的影响力评估指标和策略，如增加媒体合作、拓展传播渠道、提升观众体验等，确保赛事能够达到预期的社会效益和经济效益。

2. 设定赛事目标与期望成果

赛事目标的设定是赛事规划的重要环节，它指导着整个赛事的筹备和执行过程。深圳在举办海洋运动赛事时，应明确赛事的具体目标和期望成果。这些目标可以包括：推动海洋运动在当地的普及和发展，提升市民的海洋意识和环保意识；促进体育旅游产业的发展，带动相关产业链的增长；加强国内外体育交流与合作，提升深圳的国际形象；等等。

为了确保目标的实现，赛事筹备方还需制订具体的实施计划和时间表，明确各阶段的任务和责任。同时，赛事筹备方要建立有效的监督和评估机制，对赛事筹备和执行过程中的各项工作进行定期检查和评估，及时调整策略，确保赛事能够顺利推进并取得预期成果。

（二）赛事项目选择

1. 分析市场需求与趋势

深圳在举办海洋运动赛事时，应深入分析市场需求与趋势，了解目标受众的喜好和期望。这包括对不同年龄段、不同职业背景、不同兴趣爱好的人群进行调研和分析，了解他们对海洋运动赛事的关注度、参与意愿及消费能力等方面的信息。

同时，还需关注国内外海洋运动赛事的发展趋势和热点项目。通过借鉴成功的赛事案例和经验教训，结合深圳的实际情况和资源优势，选择具有市场潜力和发展前景的赛事项目。例如，随着人们对健康和环保的日益关注，帆船、冲浪、潜水等低碳环保的海洋运动项目越来越受到人们的青睐；随着科技的发展和创新，电动冲浪板等新兴项目也逐渐崭露头角。

2. 确定适合深圳的海洋运动项目

在深入分析市场需求与趋势的基础上，深圳应结合自身实际情况和资源优势，确定适合本地举办的海洋运动项目。这些项目既能体现深圳的海洋特色和文化底蕴，又能满足市场需求和观众期望。

例如，深圳的海域条件和气候条件非常适合举办帆船赛事。通过引进国际知名的帆船赛事或自主创办特色帆船赛事，可以吸引全球顶尖选手参与，提升深圳在国际帆船界的知名度和影响力。同时，帆船赛事还能与深圳的滨海旅游、游艇产业等相结合，形成产业联动效应，促进地方经济发展。

除了帆船赛事外，深圳还可以根据市场需求和自身条件选择其他适合的海洋运动项目。例如，冲浪赛事可以吸引年轻、时尚的观众群体；潜水赛事则可以展示深圳丰富的海洋生态资源和保护成果；而电动冲浪板等新兴项目则可以吸引科技爱好者和环保倡导者的关注。

在确定赛事项目后，赛事筹备方还需制定详细的赛事规划和执行方案。这包括确定比赛时间、地点、赛程安排、参赛资格、裁判团队、安全保障措施等各个方面。同时，还需加强与相关部门和机构的沟通协调，确保赛事的顺利举办和圆满成功。

二、赛事执行与现场管理

深圳作为一座现代化大都市，其海洋运动赛事的执行与现场管理更是需要高标准、严要求，以展现城市的组织能力和管理水平。

（一）场地设施准备与检查

1. 选址与场地布置

赛事场地的选择是赛事筹备阶段的重要任务之一。深圳拥有丰富的海洋资源和多样的海岸线，适合举办海洋运动赛事。在选择赛事场地时，需综合考虑地理位置、气候条件、交通便利性、观众容量及安全性等多个因素。例如，帆船比赛可能需要选择风力适中、水域开阔且远离航道的海域；冲浪比赛则需考虑海浪质量、海底地形及附近救援设施等因素。

场地布置方面，赛事筹备方需根据比赛项目的特点和要求，合理规划比赛区域、观众区域、裁判区域、医疗急救区、后勤保障区等功能区域。同时，还需设置清晰的指示标识和导览系统，确保参赛者、观众和工作人员能够迅速找到各自所在的位置。此外，还需关注场地的美观性和环保性，采用可循环利用的材料和环保的布置方案，展现深圳作为绿色城市的形象。

2. 设施检查与安全评估

在赛事开始前，赛事筹备方必须对场地内的各项设施进行全面检查和安全评估。这包括但不限于比赛器材、救生设备、通信设备、医疗急救设施等。检查过程中需确保所有设备完好无损、性能稳定且符合安全标准。对于存在安全隐患的设施需立即进行修复或更换，确保赛事期间的安全无虞。

安全评估是场地设施检查的重要环节。赛事筹备方需组织专业的安全评估团队对场地进行全面的风险评估，识别可能存在的安全隐患和风险因素，并制定相应的应对措施和应急预案。例如，针对海上比赛项目，需评估海浪、潮汐、天气等自然因素对比赛的影响；针对夜间比赛项目，则需关注照明设施是否充足、夜间救援能力是否到位等问题。

（二）参赛队伍与选手管理

1. 参赛队伍邀请与注册

参赛队伍的邀请与注册是赛事组织工作的重要组成部分。深圳海洋运动赛事需面向国内外广泛邀请高水平的参赛队伍，通过官方网站、社交媒体等渠道发布赛事信息，吸引更多优秀选手和队伍参与。在邀请参赛队伍时，需明确参赛资格、报名截止日期、报名方式及所需材料等相关事项，确保参赛队伍能够顺利完成报名流程。

注册环节则需对参赛队伍提交的信息进行严格审核，确认其符合赛事规定和要求。审核内容通常包括队伍基本信息、选手名单、成绩证明等。对于符合条件的参赛队伍，需及时发放参赛确认函或注册证书，并告知其后续的赛事安排和注意事项。

2. 选手资格审核与确认

选手资格审核是确保比赛公正性和专业性的重要手段。在审核过程中，需根据赛事规定和比赛项目的要求，对选手的年龄、性别、国籍、健康状况及运动成绩等方面进行严格把关，对于不符合条件的选手需及时通知其本人并说明原因，避免造成麻烦和争议。

同时，还需关注选手的诚信问题。对于存在违规行为的选手需记录在案并采取相应的处罚措施，以维护比赛的公平性和良好秩序。在审核过程中，还需加强与参赛队伍的沟通和交流，解答其疑问和困惑，确保双方对赛事规定和要求有清晰地认识和理解。

3. 提供赛事服务与支持

为参赛队伍和选手提供周到、专业的赛事服务与支持是赛事组织工作的重要内容之一。这包括但不限于住宿安排、交通接送、餐饮供应、训练场地及器材提供等方面。在住宿安排方面，需选择交通便利、设施完善的酒店或度假村作为参赛队伍的驻地；在交通接送方面，需提前规划好接送路线和时间表，确保参赛队伍能够准时到达比赛现场；在餐饮供应方面，需提供营养均衡、口味多样的餐饮服务，满足参赛队伍和选手的不同需求。在训练场地及器材提供方面，需为参赛队伍和选手提供必要的训练场地和器材支持。例如，为帆船比赛队伍提供适宜的码头和泊位；为冲浪比赛选手提供合适的冲浪板和救生衣等器材。同时，还需安排专业的教练或技术人员对器材进行调试和维护，确保其性能稳定且符合比赛要求。

（三）比赛过程监督与裁判工作

1. 严格执行比赛规则

比赛规则的严格执行是保证比赛公正性和专业性的基础。在比赛过程中，裁判员需熟悉并准确掌握比赛规则的内容和要求，对选手的比赛行为进行严格监督和评判；对于违反比赛规则的选手需及时给予警告或处罚，并记录在案以备后续处理。

为了确保比赛规则的严格执行，赛事组织者还需加强对裁判员的培训和管理。在培训过程中，需重点讲解比赛规则的细节和要点以及裁判员的职责和权利；在管理过程中，需建立健全的裁判员考核和激励机制，提高裁判员的工作积极性和责任心。

2. 现场监督与裁判团队管理

现场监督是确保赛事顺利进行和比赛规则得到有效执行的重要保障。赛事组织者应设立专门的现场监督团队，负责全面监控比赛现场的情况，包括比赛流程、选手行为、观众秩序以及设施运行状况等。这些监督人员需具备良好的观察力和应急处理能力，能够在第一时间发现并解决问题，保障比赛的连续性和安全性。

同时，裁判团队的管理也是非常重要的。裁判是比赛公正性的守护者，他们的专业素养和职业操守直接关系到比赛结果的公信力。因此，赛事组织者应对裁判进行严格的选拔和培训，确保他们熟悉比赛规则、掌握裁判技巧，并具备高度的责任感和职业道德。在比赛期间，赛事组织者还需加强对裁判团队的管理和监督，确保他们严格按照比赛规则进行裁决，不受任何外界因素的干扰。

3. 处理争议与违规行为

在比赛中，争议和违规行为难以避免。当这些情况发生时，赛事组织者应迅速介入，按照规定的程序进行处理。

首先，需要明确争议和违规行为的性质和严重程度，然后依据比赛规则和相关法律法规采取相应的措施。对于轻微的违规行为，可以给予警告或罚分等处罚；对于严重的违规行为，则可能需要取消选手的比赛资格或追究其法律责任。

其次，在处理争议时，赛事组织者应保持公正、客观的态度，充分听取各方意见和证据，确保处理结果的合理性和可接受性。同时，还需注重沟通和协调，积极化解矛盾和分歧，维护比赛的和谐氛围和良好形象。

最后，赛事组织者还需建立完善的申诉机制，为参赛队伍和选手提供表达意见和申诉的渠道。对于合理的申诉请求，应及时进行调查和处理，确保参赛者的权益得到保障。

三、赛事执行与监督

当海洋运动赛事的筹备工作进入尾声，赛事的执行与监督便成为确保赛事顺利进行、维护比赛公平性及保护参与者安全的保障。

（一）赛事开幕式与闭幕式

1. 开幕式策划

赛事的开幕式不仅是比赛正式开始的标志，更是展示赛事主题、城市形象和文化底蕴的重要窗口。深圳在策划海洋运动赛事的开幕式时，注重将海洋元素与现代科技、文化艺术相结合，打造一场视觉与心灵的盛宴。

首先，重视开幕式场地的选择。深圳通常会选择具有标志性意义的海滨区域或现代化的体育场馆作为开幕式举办地，通过海景与灯光秀的巧妙融合，营造出独特的海洋氛围。

其次，精心策划开幕式的节目安排。深圳会邀请国内外知名艺术家和表演团体参与演出，通过舞蹈、音乐、戏剧等多种形式展现海洋的魅力和人类与海洋的和谐共生。此外，还会有穿插介绍赛事背景、参赛队伍和比赛项目的环节，让观众对赛事有更深入地了解和期待。

最后，仔细设计开幕式的仪式流程。从运动员入场、领导致辞、升旗仪式到赛事启动等环节，每一步都需严谨细致，确保整个开幕式庄重而热烈，为比赛的成功举办奠定良好的基础。

2. 闭幕式总结

与开幕式相呼应，闭幕式同样承载着重要的使命。它不仅是赛事结束的仪式，也是对比赛进行总结、表彰和回顾的时刻。深圳在举办海洋运动赛事的闭幕式时，注重营造温馨、感人的氛围，让每一位参与者都能感受到赛事的圆满和成功。

闭幕式的开场通常会以一段精彩的视频回顾为引子，展示比赛期间的精彩瞬间和感人故事。随后，闭幕式上会进行颁奖典礼，对获得优异成绩的选手和团队进行表彰和奖励。在颁奖过程中，会穿插介绍获奖者的背景故事和比赛经历，让观众更加深入地了解他们的努力和付出。

此外，闭幕式还会邀请相关领导和嘉宾发表致辞，对赛事的成功举办表示祝贺和感谢，并对未来的海洋运动发展提出展望和期待。最后，在欢快的音乐和热烈的掌声中，赛事的旗帜缓缓降下，标志着这一届海洋运动赛事的圆满结束。

（二）比赛过程管理

1. 严格执行比赛规则

比赛过程管理是确保赛事公平、公正、公开的关键。深圳在举办海洋运动赛事时，始终将严格执行比赛规则放在首位。这包括制定详细、明确的比赛规则，对参赛选手进行规则培训和讲解，以及在比赛过程中严格监督裁判员的执裁行为。

比赛规则手册是赛事的"法律"文件，它包含了比赛的各项规定、要求和处罚措施。深圳在制作比赛规则手册时，会充分借鉴国际惯例和国内经验，结合赛事特点和实际情况进行修订和完善。同时，还会邀请专家学者和资深裁判员参与讨论和审议，确保规则的科学性、合理性和可操作性。

在比赛过程中，裁判员是执行比赛规则的重要力量。深圳会选派经验丰富、业务精湛的裁判员担任执裁工作，并对他们进行严格的培训和考核。裁判员需熟悉比赛规则、掌握裁判技巧、保持公正态度，在比赛中准确、及时地做出裁决。同时，赛事组委会还会设立监督机构，对裁判员的执裁行为进行监督和评估，确保比赛的公平性和公正性。

2. 现场监督与裁判工作

除了严格执行比赛规则外，现场监督与裁判工作也是比赛过程管理的重要环节。深圳在举办海洋运动赛事时，会设立专门的现场监督团队和裁判团队，负责全面监控比赛现场的情况并及时处理各种突发问题。

现场监督团队由经验丰富的赛事管理人员和安保人员组成，他们会在比赛现场进行巡视和检查，确保比赛设施的安全性和比赛的顺利进行。同时，他们还会密切关注参赛选手和观众的行为举止，防止发生违规和扰乱秩序的行为。一旦发现异常情况或违规行为，他们会立即采取措施进行处理并上报赛事组委会。

裁判团队则负责具体执行比赛规则并对比赛结果进行裁决。他们会在比赛过程中密切关注选手的表现和比赛进程，根据比赛规则及时做出裁决并公布结果。同时，他们还需保持高度的专注力和警觉性，确保自己的裁决准确无误并避免受到任何外界因素的干扰。

为了确保裁判工作的公正性和准确性，深圳还会采取一系列措施来加强裁判团队的管理和监督。例如，设立裁判委员会对裁判员的执裁行为进行监督和评估；建立裁判员信息库对裁判员的基本信息和执裁经历进行记录和查询；设立投诉渠道接受参赛选手和观众的投诉和反馈等。

（三）安全与应急措施

1. 制定安全应急预案

安全是赛事成功举办的前提和保障。深圳在举办海洋运动赛事时，应始终将安全放在首位，制定详尽且全面的安全应急预案，以应对可能发生的各种突发情况。

安全应急预案的制定是一个系统工程，需要综合考虑赛事的各个环节和可能面临的风险因素。深圳会组织专业的安全评估团队，对赛事场地、设施、交通、天气等进行全面评估，识别潜在的安全隐患和风险因素。基于这些评估结果，制定针对性的应急措施和预案，确保在突发事件发生时能够迅速、有效地进行应对。

安全应急预案通常包括以下几个方面：一是应急组织机构与职责分工，明确各级应急指挥机构、救援队伍和后勤保障队伍的组成和职责；二是预警与信息报告机制，建立快速、准确的预警和信息报告渠道，确保在突发事件发生时能够及时获取并传递相关信息；三是应急响应与处置流程，明确各类突发事件的应急响应级别、处置流程和应对措施；四是应急物资与装备保障，储备必要的应急物资和装备，确保在突发事件发生时能够迅速调拨和使用；五是应急培训与演练，定期组织应急培训和演练活动，提高应急人员的素质和应对能力。

2. 现场安全监管与医疗救助

安全应急预案的制定只是第一步，更重要的是在赛事执行过程中严格落实各项安全措施，加强现场安全监管和医疗救助工作。

深圳在举办海洋运动赛事时，会设立专门的现场安全监管机构，负责全面监控赛事现场的安全状况，及时发现并处理安全隐患。这些机构会配备专业的安全监管人员，对赛事场地、设施、人员等进行全面检查，确保符合安全要求。同时，赛事组织者还会加强与公安、消防、医疗等部门的沟通协调，形成联动机制，共同维护赛事现场的安全稳定。

医疗救助是赛事安全的重要保障。深圳会提前规划并设置医疗救助站点，配备专业的医疗设备和救护车辆，确保在突发事件发生时能够迅速进行医疗救助。医疗救助团队会由经验丰富的医护人员组成，他们会在赛事期间全天候待命，随时准备应对各种突发医疗状况。此外，赛事组织者还会加强对参赛选手和观众的医疗知识宣传和教育，提高他们的自我保护和自救能力。

除了上述措施外，深圳还会加强赛事期间的交通疏导和安全保卫工作。赛事组织者通过科学规划交通路线、设置交通管制区域、增派警力等措施，确保赛事期间的交通安全和秩序；加强对赛事周边区域的安全巡逻和监控，防止发生治安事件和恐怖袭击等恶性事件。

四、赛事评估与反馈

（一）赛事效果评估

1. 参赛选手与观众满意度调查

赛后，深圳海洋运动赛事组委会通常会通过线上问卷、线下访谈等多种方式，对参赛选手和观众进行满意度调查。对于参赛选手而言，他们关注的焦点往往集中在赛事组织的专业性、公平性，场地设施的完善性以及服务质量的优劣上。通过收集并分析这些反馈意见，赛事组委会能够直观地了解选手们在比赛过程中的真实感受，进而识别出需要改进的环节。例如，有选手反映赛事期间的住宿安排不够便利，或是某些比赛项目的裁判判罚存在争议，这些意见都将作为未来赛事优化的重要参考。

对于观众来说，他们的满意度则更多地体现在赛事的观赏性、互动性、氛围营造以及交通指引等方面。深圳海洋运动赛事在吸引观众方面不遗余力，通过精彩的比赛、丰富的周边活动以及便捷的交通服务，为观众提供了难忘的观赛体验。然而，观众的意见同样宝贵，他们的反馈能够帮助赛事组委会更好地把握市场需求，提升赛事的吸引力和影响力。例如，有观众建议增加更多的互动环节，让观众能够更深入地参与赛事，这样的建议对于提升赛事的整体氛围和观众参与度具有重要意义。

2. 媒体曝光度与社会反响分析

媒体曝光度是衡量赛事影响力的重要指标之一。深圳海洋运动赛事在举办过程中，积极与国内外主流媒体建立合作关系，通过电视直播、网络直播、新闻报道等多种形式，将赛事的精彩瞬间传递给全球观众。同时，赛事组委会还充分利用社交媒体平台，通过发布赛事预告、精彩瞬间、幕后花絮等内容，吸引更多网友的关注和讨论。这种全方位、立体化的宣传策略，不仅提升了赛事的知名度和影响力，还激发了公众对海洋运动的兴趣和热情。

在社会反响方面，深圳海洋运动赛事往往能够引发广泛的关注和讨论。无论是专业运动员的精湛技艺，还是业余爱好者的积极参与，都成为社会舆论的热点话题。此外，赛事的环保理念、公益活动等也赢得了社会各界的广泛赞誉。通过对媒体曝光度和社会反响的深入分析，赛事组委会能够清晰地看到赛事在公众心目中的形象和地位，为未来的品牌建设和市场推广提供有力支持。

（二）经验总结与改进

1. 梳理成功经验与亮点

深圳海洋运动赛事的成功举办，离不开一系列成功的经验和亮点的支撑。首先，赛事组委会在赛事策划阶段就充分考虑了市场需求和参赛选手的需求，制定了科学合理的比赛项目和赛程安排。这不仅保证了比赛的公平性和专业性，还提高了参赛选手的满意度和参与度。其次，赛事组委会在宣传推广方面下足了功夫，通过多渠道、多形式的宣传手段，成功吸引了大量观众和媒体的关注。最后，赛事组委会还注重与政府部门、企业赞助商以及社会各界的合作与交流，形成了良好的合作机制和共赢局面。这些成功经验和亮点为深圳海洋运动赛事的持续发展奠定了坚实基础。

2. 识别问题与不足并制定改进措施

当然，任何一场赛事都不可能做到尽善尽美。深圳海洋运动赛事在举办过程中也会暴露出一些问题和不足。例如，在赛事组织方面，有时会出现现场秩序混乱、服务响应不及时等问题；在宣传推广方面，虽然取得了一定的成绩，但仍存在覆盖面不够广、针对性不够强等问题。针对这些问题和不足，赛事组委会应进行深入地分析和反思，并制定相应的改进措施。例如，加大赛事现场的管理和协调力度，提高服务响应速度和效率；加强与媒体的合作与交流，扩大宣传覆盖面和影响力；注重收集与分析观众和选手的反馈意见，不断完善赛事的各个环节和服务流程。这些改进措施的实施将有助于深圳海洋运动赛事在未来的发展中不断取得新的突破和进步。

第二节　海洋运动俱乐部的运营与管理

海洋运动俱乐部作为连接海洋运动与爱好者的桥梁，其运营与管理不仅关乎俱乐部的生存与发展，也直接影响到每一位会员的体验与成长。

一、海洋运动俱乐部定位与发展规划

（一）海洋运动俱乐部定位

1. 明确服务人群与市场需求

海洋运动俱乐部的定位首要在于明确其服务人群及市场需求。这要求俱乐部管理者深入调研，了解不同年龄段、职业背景、兴趣偏好的人群对于海洋运动的具体需求。例如，青少年可能更倾向于冲浪、帆板等充满挑战与趣味的项目；而中老年人则可能更倾向于皮划艇、海钓等相对平稳、注重体验的活动。同时，随着生活水平的提高和健康意识的增强，越来越多的人开始追求高品质、个性化的海洋运动体验，这也为俱乐部提供了广阔的市场空间。

在明确服务人群的基础上，俱乐部还需进一步分析市场需求。这包括了解当前市场上同类俱乐部的运营状况、服务内容、价格水平以及会员反馈等信息，以便找到自身的差异化竞争优势。例如，可以通过提供更加专业的教练团队、更先进的运动装备、更丰富的活动形式以及更贴心的会员服务等方式，吸引并留住会员。

2. 设定发展目标与愿景

明确了服务人群与市场需求后，俱乐部需要设定清晰的发展目标与愿景。发展目标应具体、可量化、有时间限制，旨在指导俱乐部的日常运营与决策。例如，短期内可以设定增加会员数量、提升会员满意度、举办特色赛事等目标；长期则可以着眼于品牌建设、市场拓展、产业链延伸等方面。

愿景则是俱乐部未来发展的蓝图和终极追求，它应具有前瞻性和激励性，能够激发全体成员的共同愿景和奋斗精神。一个优秀的海洋运动俱乐部愿景可能包括成为行业领导者、推动海洋运动普及、促进人与自然和谐共生等。通过设定这样的愿景，俱乐部不仅能够明确自身的发展方向，还能在激烈的市场竞争中保持定力和活力。

（二）海洋运动俱乐部发展规划

1. 短期目标与行动计划

短期目标的设定应紧密围绕俱乐部的核心竞争力和市场需求展开。以下是一些可能的短期目标及其对应的行动计划。

（1）增加会员数量

俱乐部可以通过线上线下相结合的方式扩大宣传，利用社交媒体、体育论坛、户外广告等渠道提高品牌知名度；开展新会员招募活动，如体验课、优惠套餐等；加强与周边社区、学校的合作，拓展潜在会员群体。

（2）提升会员满意度

俱乐部可以定期对会员进行满意度调查，了解会员需求与反馈；根据调查结果调整服务内容和质量，如优化教练团队结构、更新运动装备、改进活动流程等；建立会员积分制度，鼓励会员积极参与俱乐部活动并享受更多优惠和特权。

（3）举办特色赛事

俱乐部可以结合自身特色和市场需求，策划并举办具有影响力的海洋运动赛事或活动。这不仅可以吸引更多会员参与和关注，还能提升俱乐部的知名度和影响力。赛事筹备过程中要注重细节和品质控制，确保活动的顺利进行和圆满成功。

2. 长期战略规划与蓝图

长期战略规划的制定需要更具前瞻性和系统性。

（1）品牌建设

俱乐部可以通过持续提供高品质的服务和独特的海洋运动体验来塑造品牌形象；

加大品牌宣传和推广力度，提高品牌知名度和美誉度；建立品牌忠诚度和口碑传播机制，吸引更多潜在会员加入俱乐部。

（2）市场拓展

俱乐部可以在巩固现有市场的基础上积极开拓新市场。这包括探索新的服务领域和人群、拓展业务范围和地域范围等。例如，可以开展海洋运动培训、组织国际交流赛事、开发海洋运动旅游产品等。同时，俱乐部要注重市场分析和研究能力的提升，以便及时把握市场变化和机遇。

（3）产业链延伸

俱乐部可以在海洋运动产业中寻求更多的增长点和发展空间。例如，可以投资海洋运动装备制造业，开发海洋运动应用程序或平台，与旅游、餐饮等相关产业进行跨界合作等。通过产业链延伸实现多元化经营和资源共享，提升俱乐部的整体竞争力和盈利能力。

（4）可持续发展

俱乐部应该在追求经济效益的同时注重环境保护和社会责任。俱乐部应积极参与海洋生态保护活动，倡导绿色、低碳、环保的海洋运动理念；加强与政府部门、环保组织等机构的合作，共同推动海洋运动产业的可持续发展。

二、会员招募与管理

在海洋运动俱乐部的运营中，会员招募与管理不仅关乎俱乐部的经济收益，更直接影响到俱乐部的品牌形象、会员满意度及长期发展潜力。

（一）会员招募策略

1. 线上线下宣传渠道拓展

在数字化时代，海洋运动俱乐部需充分利用线上线下相结合的宣传渠道，以扩大品牌影响力和吸引潜在会员。

线上方面，俱乐部可借助社交媒体平台（如微信公众号、微博、抖音等）发布精彩的运动瞬间、赛事回顾、教练风采等内容，增强与潜在会员的互动与客户黏性。同时，利用搜索引擎优化、搜索引擎营销和广告投放，提高俱乐部在搜索引擎中的曝光度，吸引更多目标用户点击访问。此外，还可以通过合作推广、与网络达人合作等方式，快速扩大宣传范围。

线下方面，俱乐部可以在人流量较大的公共场所（如购物中心、公园、学校周边）设置宣传展位，发放宣传资料，进行现场互动体验活动，直接面向潜在会员展示俱乐部的魅力。此外，还可以举办海洋运动主题的展览、讲座、体验日等活动，吸引更多对海洋运动感兴趣的人群关注俱乐部。

2. 会员优惠与增值服务设计

为了吸引更多潜在会员加入并提升现有会员的忠诚度，海洋运动俱乐部需要设计一系列具有吸引力的会员优惠与增值服务。首先，俱乐部可以推出多样化的会员套餐，包括不同时长、不同服务内容的套餐选项，以满足不同会员的需求和预算。其次，俱乐部可以针对新会员设置首单优惠、推荐奖励等机制，降低其初次尝试的成本门槛，激发其加入俱乐部的兴趣。

在增值服务方面，俱乐部可以提供专业的运动技能培训、一对一私教服务、定制化训练计划等，帮助会员提升运动技能和体验水平。此外，还可以组织会员参与国内外海洋运动赛事、交流活动、户外探险等，拓宽会员的视野和社交圈子。这些增值服务不仅能够增强会员的归属感和满意度，还能够为俱乐部创造更多的盈利点。

（二）会员服务体系构建

1. 个性化会员需求满足

在会员服务体系的构建中，个性化需求满足是提升会员满意度和忠诚度的关键。海洋运动俱乐部应通过问卷调查、会员访谈等方式收集会员的反馈和需求信息，了解其在运动技能、时间安排、兴趣爱好等方面的差异化和个性化需求。在此基础上，俱乐部可以针对不同会员的需求提供定制化的服务方案。例如，为初学者提供基础技能训练和入门指导；为进阶者提供高级技巧训练和竞技策略指导；为忙碌的上班族提供灵活的预约时间和便捷的线上服务；为喜欢探险的会员组织特色户外活动；等等。

同时，俱乐部还应建立会员档案系统，记录会员的基本信息、运动习惯、偏好等数据，以便更好地分析会员需求和提供个性化服务。通过数据分析和技术手段的应用（如 AI 推荐系统），俱乐部可以更加精准地推送符合会员兴趣的活动信息和优惠信息，提高服务的针对性和有效性。

2. 会员活动组织与参与

会员活动的组织与参与是会员服务体系的重要组成部分。海洋运动俱乐部应定期举办丰富多彩的会员活动，以增强会员之间的交流和互动，提升会员的归属感和满意度。活动形式可以包括定期的训练课程、技能挑战赛、团队建设活动、主题派对等。这些活动不仅能够丰富会员的业余生活，还能够提升会员的运动技能和社交能力。

在组织会员活动时，俱乐部应注重活动的创新性和趣味性。通过引入新颖的运动项目、设置有趣的比赛环节、邀请知名运动员或教练参与等方式，激发会员的参与热情和积极性。同时，俱乐部还应加强活动的组织和管理能力，确保活动的顺利进行和会员的安全。

俱乐部还应鼓励会员积极参与活动的组织和策划工作。通过成立会员委员会、设立活动志愿者等方式，让会员在参与活动的过程中感受到自己的价值和成就感。这种参与感和归属感将促使会员更加积极地参与俱乐部的各项活动并推荐给身边的朋友和家人。

三、教练团队与培训

在海洋运动俱乐部中，教练团队是确保会员获得高质量教学体验与安全保障的核心力量。一个优秀的教练团队不仅能够传授专业的运动技能，还能激发会员对海洋运动的热爱与坚持。

（一）教练团队组建

1.引进高水平教练资源

海洋运动俱乐部在组建教练团队时，应将引进高水平教练资源放在首位。高水平教练不仅具备扎实的专业技能和丰富的教学经验，还能为俱乐部带来先进的教学理念和方法，提升整体教学质量。为了实现这一目标，俱乐部可以采取多种策略。

（1）广泛招募

俱乐部可以通过社交媒体、专业招聘网站、体育院校及培训机构等渠道发布招聘信息，吸引国内外优秀教练的关注和应聘。

（2）合作与交流

俱乐部可以积极与国内外知名海洋运动俱乐部、运动队及体育院校建立合作关系，通过交流互访、联合培训等方式，引进优秀教练资源并促进资源共享。

（3）激励机制

为吸引和留住高水平教练，俱乐部应设计具有竞争力的薪酬体系、职业发展路径及福利待遇。同时，建立完善的激励机制，如绩效奖金、晋升机会、荣誉表彰等，以激发教练的工作积极性和创造力。

2.教练团队结构优化

一个高效的教练团队不仅需要高水平教练的支撑，还需要合理的团队结构以确保教学工作的顺利进行。为此，俱乐部应注重教练团队结构的优化。

（1）年龄与经验搭配

在教练团队中，既要有经验丰富的老教练为年轻教练提供教学指导，也要有充满活力的年轻教练为团队注入新鲜血液和创新思维。通过年龄与经验的合理搭配，实现教练团队的整体平衡和持续发展。

（2）专业技能互补

海洋运动种类繁多，不同项目对教练的专业技能要求也不同。因此，俱乐部在组建教练团队时，应注重教练专业技能的互补性，确保每个项目都有专业对口的教练负责，以满足会员多样化的学习需求。

（3）团队协作与沟通

俱乐部要定期组织团队建设活动和教学经验分享会，加强教练团队之间的沟通与协作，通过团队协作和相互学习，提升教练团队的整体教学水平和凝聚力。

（二）培训体系完善

1.培训课程设计与开发

为了确保教练团队的专业素质和教学质量，俱乐部需要设计科学合理的培训课程并持续进行开发与更新。培训课程的设计应围绕以下几个方面展开。

（1）基础理论与技能

俱乐部针对新入职的教练，应设置基础理论与技能课程，包括海洋运动的基础知识、安全规范、教学方法、急救技能等内容。通过系统学习，使新教练快速掌握教学所需的基本知识和技能。

（2）专业技能提升

俱乐部针对不同项目和专业水平的教练，应设计不同层次的专业技能提升课程，包括高级技巧教学、竞技策略分析、体能训练方法等内容。通过专业培训，帮助教练不断提升自身的专业素质和教学水平。

（3）教育理念与心理学

俱乐部应加强教练对教育理念和心理学的学习。通过引入现代教育理念和心理学知识，帮助教练更好地理解会员的需求和心态，提升教学的针对性和有效性。

（4）实践与案例分析

俱乐部应组织教练参与实际教学活动和案例分析讨论。通过实践教学和案例分析，让教练在实践中积累经验、发现问题并寻找解决方案。同时，通过分享和交流，促进教练之间的相互学习和共同进步。

2.教练培训与考核评估

为了确保培训效果并持续提升教练团队的教学质量，俱乐部需要建立完善的教练培训与考核评估体系。

（1）定期培训与复训

俱乐部应定期制订培训计划并严格执行。对新入职的教练进行岗前培训；对在职教练进行定期复训和更新培训。通过定期培训与复训，保证教练团队的专业素质和教学水平始终处于行业前沿。

（2）多元化考核方式

俱乐部应采用多元化的考核方式对教练的教学质量和效果进行评估，包括学员反馈、教学观摩、技能测试、教学成果展示等多种方式。通过全面、客观地考核评估，准确反映教练的教学水平和存在的问题。

（3）个性化辅导与反馈

俱乐部应针对考核评估中发现的问题和不足，为教练提供个性化的辅导和反馈，帮助教练明确自身存在的问题并制订相应的改进计划。同时，鼓励教练之间相互学习和交流经验，共同提升教学质量和水平。

（4）激励机制与奖惩制度

俱乐部应将考核评估结果与教练的薪酬、晋升、荣誉等紧密挂钩。通过激励机制和奖惩制度激发教练的工作积极性和创造力。对表现优秀的教练给予表彰和奖励；对表现不佳的教练进行指导和帮助或采取相应的惩罚措施。通过激励机制和奖惩制度的实施促进教练团队的持续进步和发展。

四、设施维护与安全管理

在海洋运动俱乐部的运营中，设施维护与安全管理直接关系到会员的体验质量、俱乐部的运营效率和长远发展。一个安全、舒适、现代化的运动环境不仅能够提升会员的满意度，还能增强俱乐部的市场竞争力。

（一）设施维护

1. 定期检查与维修保养

海洋运动俱乐部拥有各类复杂的运动设施和设备，如游艇、帆船、潜水装备、浮潜用具等。这些设施和设备在频繁使用过程中难免会出现磨损、老化甚至故障。因此，定期检查与维修保养是确保设施正常运行和延长使用寿命的必要手段。

俱乐部应建立严格的设施检查制度，明确检查周期、检查内容和检查责任人。定期检查应涵盖所有关键设施和设备，包括但不限于结构安全、电气系统、动力系统、操作系统以及安全防护装置等。通过细致入微地检查，及时发现并排除潜在的安全隐患，防止因设施故障引发的事故。

在维修保养方面，俱乐部应配备专业的维修团队或委托专业维修机构进行。维修保养工作应严格按照设备制造商的维护手册和技术要求进行，确保维修质量。同时，俱乐部还应建立设施维修档案，记录每次维修的时间、内容、维修人员及维修结果等信息，为后续的设施管理和维护提供数据支持。

2. 设施升级与改造计划

随着科技的进步和会员需求的不断变化，海洋运动俱乐部的设施也需要不断升级和改造以适应新的发展需求。设施升级与改造不仅能够提升会员的运动体验，还能增强俱乐部的市场竞争力。

在制订设施升级与改造计划时，俱乐部应充分考虑会员的需求和市场趋势。通过市场调研和会员反馈收集信息，了解会员对设施的具体需求和期望。同时，俱乐部还应关注国内外海洋运动设施的发展动态，了解最新的技术成果和产品信息。在此基础上，结合俱乐部的实际情况和预算安排，制订科学合理的设施升级与改造计划。

设施升级与改造的内容主要有：一是更新老旧设施和设备，采用更先进、更环保、更安全的材料和技术；二是增加新的运动项目和设施，满足会员多样化的运动需求；三是优化设施布局和流线设计，提高设施的使用效率和便利性；四是加强设施的安全防护措施和应急救援能力，确保会员的人身安全。

（二）安全管理

1. 制定安全管理制度

安全管理是海洋运动俱乐部运营的重中之重。为了保障会员的人身安全和俱乐部的财产安全，俱乐部必须制定科学、严谨的安全管理制度。

安全管理制度应涵盖所有与运动安全相关的方面：一是明确安全管理职责和权限，确保安全管理工作的有序进行；二是建立安全风险评估和预警机制，及时发现并消除安全隐患；三是制定安全操作规程和应急预案，确保在突发情况下能够迅速、有效地进行应急处置；四是加强安全教育培训和宣传引导，增强会员和员工的安全意识和自我保护能力。

在制定安全管理制度时，俱乐部应充分借鉴国内外先进的安全管理经验和做法，结合自身的实际情况进行创新和完善。同时，俱乐部还应注重制度的可操作性和实效性，确保制度能够真正落地执行并发挥实效。

2. 安全教育与应急演练

安全教育是提升会员和员工安全意识的重要途径。海洋运动俱乐部应定期开展安全教育活动，通过讲座、培训、演练等多种形式向会员和员工普及安全知识、传授安全技能。

安全教育主要从以下几个方面展开：一是海洋运动的基本安全知识，如天气变化对运动的影响、海流和潮汐的规律、海洋生物的危险性等；二是运动装备的使用方法和注意事项，如潜水装备的检查与穿戴、帆船的驾驶技巧与规则等；三是应急救援技能的学习与掌握，如心肺复苏术、止血包扎等基本技能以及火灾、溺水等突发情况的应对措施。

除了安全教育外，应急演练也是提升应急处置能力的重要手段。海洋运动俱乐部应定期组织应急演练活动，模拟各种突发情况并制定相应的应急处置方案。通过演练活动，检验应急预案的可行性和有效性，提高会员和员工在紧急情况下的应变能力和协同作战能力。同时，演练活动还能增强会员和员工的安全意识和责任感，为俱乐部的安全运营提供有力保障。

第三节　海洋运动旅游的开发与推广

在深圳这座充满活力的海滨城市，海洋运动旅游已成为推动当地旅游业发展的重要引擎。随着人们对健康生活方式的追求日益增长，以及海洋运动项目的不断丰富和创新，海洋运动旅游正逐渐成为一种新兴的旅游模式，吸引着越来越多的游客前来体验。本节将深入探讨深圳海洋运动旅游的开发与推广。

一、旅游资源整合与产品开发

（一）海洋体育与休闲旅游融合发展

深圳拥有丰富的海洋资源和得天独厚的地理位置，为海洋体育与休闲旅游的融合发展提供了绝佳的条件。因此，深圳积极推动海洋体育与休闲旅游的融合，结合海洋运动资源，开发了一系列独具特色的海洋旅游产品，为游客带来了全新的旅游体验。

1. 海上体验游

海上体验游是深圳海洋体育与休闲旅游融合发展的重要项目之一。游客可以乘坐帆船、游艇等，在辽阔的海面上畅游，感受海风的吹拂，欣赏美丽的海景。在深圳的七星湾，游客可以乘坐帆船，在专业教练的指导下，感受帆船运动的魅力。游客还可以参加大梅沙国际水上运动中心的潜水活动，与五彩斑斓的珊瑚和热带鱼近距离接触，探索神秘的海底世界。

2. 海岛探险

深圳周边有许多美丽的海岛，如大鹏半岛、南澳岛等，这些海岛拥有独特的自然风光和丰富的生态资源，是进行海岛探险的绝佳之地。游客可以参加海岛徒步、露营、烧烤等活动，感受大自然的魅力。此外，游客还可以参观海岛的历史文化遗迹，了解海岛的发展历程和文化底蕴。

3. 海岸线徒步

深圳拥有漫长的海岸线，海岸线徒步是一项非常受欢迎的海洋体育与休闲旅游项目。游客可以沿着海岸线徒步，欣赏美丽的海景，感受大自然的魅力；可以参加海岸线骑行、沙滩排球、沙滩足球等活动，增强体质，放松身心。

4. 海洋主题公园

深圳还拥有一些海洋主题公园，如小梅沙海洋世界等，这些主题公园拥有丰富的海洋生物资源和先进的展示技术，是进行海洋科普教育和休闲娱乐的好去处。游客可以参观海洋生物馆、观看海洋动物表演、参加海洋主题活动等，了解海洋生物的生态习性和保护意义。

（二）人文资源挖掘

1. 海洋文化与历史传承

深圳作为一座历史悠久的海滨城市，拥有丰富的海洋文化遗产和深厚的历史底蕴。在海洋运动旅游的开发过程中，深圳注重挖掘和传承这些宝贵的海洋文化资源。通过举办海洋文化节、海洋知识讲座、海洋历史展览等活动，向游客展示深圳海洋文化的独特魅力和深厚底蕴。同时，将海洋文化元素融入海洋运动项目中，如设计具有海洋文化特色的比赛服装、道具和奖品等，让游客在参与运动的同时，也能感受到浓厚的文化氛围。

2. 地方特色与民俗活动融入

深圳的海洋运动旅游还注重融入地方特色和民俗活动，以丰富旅游产品的文化内涵和吸引力。通过挖掘和整理当地的民俗风情、传统技艺和节庆活动等资源，将其与海洋运动旅游相结合，打造具有地方特色的旅游体验。例如，在海边举办渔家文化节，让游客体验渔民的日常生活和捕鱼技艺；在帆船比赛中融入传统的龙舟竞渡元素，让游客在激烈的比赛中感受传统文化的魅力。2023 年粤港澳大湾区（深圳南澳）海上龙舟赛在原南澳海上龙舟赛的基础上全面升级，是首届湾区级别的海上龙舟赛，赛事规格、队伍阵容、覆盖范围均破历史纪录。赛程显示，来自 11 个城市的 29 支队伍分为 A、B 两个组别竞速 500 米直道。比赛间隙，主办方还特别安排了活力动感的水上飞人、时尚前卫的帆船帆板等运动特技展演，全新升级的赛事让市民游客享受到一场通古达今的海上视觉盛宴。

（三）旅游产品设计与组合

1. 海洋运动主题旅游产品

深圳的海洋运动旅游产品开发以海洋运动为主题，围绕游客的兴趣和需求进行设计和打造。通过整合海洋运动资源、优化旅游线路、提升服务质量等措施，打造了一系列具有鲜明特色的海洋运动主题旅游产品。这些产品不仅涵盖了丰富的海洋运动项目体验，还包含了住宿、餐饮、购物等全方位的服务保障。游客可以根据自己的喜好和需求选择适合的旅游产品，享受一站式的海洋运动旅游体验。

2. 多元化旅游产品组合策略

为了满足不同游客的多样化需求，深圳还采取了多元化的旅游产品组合策略。通过与其他旅游资源的整合和联动，如将海洋运动旅游与滨海度假、城市观光、文化体验等相结合，打造综合性的旅游产品和服务体系。这种组合策略不仅丰富了旅游产品的种类和层次，还提高了游客的满意度和忠诚度。同时，深圳还注重利用互联网和大数据等现代信息技术手段，实现旅游产品的精准营销和个性化定制服务，为游客提供更加便捷、高效的旅游体验。

二、旅游市场营销与推广

在深圳海洋运动旅游产业的蓬勃发展中，市场营销与推广策略的制定与执行起到重要的作用。面对日益激烈的市场竞争和多元化的消费者需求，深圳海洋运动旅游行业应不断创新营销手段，拓宽宣传渠道，力求在市场中脱颖而出。

（一）宣传推广策略制定

1. 多渠道宣传推广

深圳海洋运动旅游行业深知单一渠道的宣传推广已难以满足现代市场的需求，因此，他们采取了多渠道并进的策略，以覆盖更广泛的受众群体。一方面，传统媒体如电视、广播、报纸等仍然是重要的宣传阵地，通过制作精美的宣传片、投放广告、组织专题报道等方式，提升海洋运动旅游的知名度和美誉度。另一方面，深圳海洋运动旅游行业积极拥抱新媒体，利用互联网、移动互联网等平台，通过搜索引擎优化、搜索引擎营销、内容营销等手段，提高在线曝光率和用户转化率。

深圳还注重线下活动的组织与执行，通过举办海洋运动赛事、海洋文化节、旅游博览会等活动，吸引游客的现场参与和体验。这些活动不仅为游客提供了近距离接触海洋运动的机会，还通过现场互动、媒体采访、社交媒体分享等方式，实现了口碑传播和病毒式营销的效果。

2. 合作伙伴与跨界营销

深圳海洋运动旅游行业深知合作的力量，他们积极寻求与各类合作伙伴的紧密合作，共同推动市场的拓展和品牌的提升。一方面，他们与航空公司、酒店、餐饮等旅游产业链上下游企业建立战略合作关系，通过资源共享、联合促销等方式，实现互利共赢。另一方面，他们还与时尚、文化、体育等领域的知名品牌进行跨界合作，通过联名产品、主题活动等形式，吸引更多年轻、时尚的消费者群体。

跨界营销不仅丰富了海洋运动旅游产品的内涵和外延，还通过不同领域的品牌联动，提升了整体的品牌影响力和市场价值。例如，深圳可以与知名运动品牌合作，推出限量版海洋运动装备；与时尚杂志合作，拍摄海洋运动主题的时尚大片；与电影制作公司合作，将海洋运动元素融入电影情节中；等等。这些跨界合作不仅为游客带来了全新的旅游体验，也为深圳海洋运动旅游行业注入了新的活力和创意。

（二）数字化营销手段应用

1. 社交媒体营销

在数字化时代，社交媒体已成为人们获取信息、交流互动的重要平台。深圳海洋运动旅游行业充分利用社交媒体平台的优势，通过微博、微信、抖音、小红书等渠道，开展丰富多彩的营销活动。他们定期发布海洋运动相关的资讯、图片、视频等内容，吸引用户的关注和参与；通过举办线上挑战赛、话题讨论、直播互动等活动，增强用户的参与感和黏性；利用社交媒体的数据分析工具，对用户的行为和兴趣进行深度挖掘，为精准营销提供有力支持。

社交媒体营销不仅提高了深圳海洋运动旅游的曝光率和关注度，还通过用户生成内容的方式，实现了口碑传播和病毒式营销的效果。游客在社交媒体上分享自己的海洋运动体验、照片、心得等，吸引了更多潜在游客的关注和兴趣，进而促进了旅游产品的销售和市场的拓展。

2. 旅游应用程序与微信小程序开发

随着移动互联网的普及和发展，旅游应用程序与微信小程序已成为游客获取旅游信息、预订旅游产品的重要渠道。深圳海洋运动旅游行业紧跟时代潮流，积极开发具有自身特色的旅游应用程序与微信小程序。这些应用程序与微信小程序不仅提供了丰富的海洋运动旅游信息、攻略、路线等内容，还实现了在线预订、支付、评价等功能，为游客提供了便捷、高效的旅游服务体验。

通过旅游应用程序与微信小程序的开发和应用，深圳海洋运动旅游行业不仅提升了游客的满意度和忠诚度，还通过数据分析、用户画像等手段，实现了对游客需求的精准把握和宣传内容的个性化推荐。同时，这些旅游应用程序与微信小程序也成为品牌展示和营销推广的重要窗口，通过推送优惠信息、举办线上活动等方式，吸引了更多用户的关注和参与。

3. 大数据分析与用户画像

在数字化营销中，大数据分析与用户画像的重要性不言而喻。深圳海洋运动旅游行业充分利用大数据技术的优势，对游客的行为数据、交易数据、偏好数据等进行深度挖掘和分析，构建出完整的用户画像体系。这些用户画像不仅涵盖了游客的基本信息、消费习惯、兴趣爱好等内容，还通过算法模型预测出游客的潜在需求和未来行为趋势。

基于大数据分析与用户画像的结果，深圳海洋运动旅游行业能够更加精准地制定营销策略和推广方案。他们可以根据不同游客的需求和偏好推送个性化的旅游产品和服务；通过精准投放广告、优化搜索排名等方式提高营销效果；通过改进产品和服务、提升用户体验等方式增强品牌竞争力和市场地位。同时，大数据分析与用户画像也为旅游行业的未来发展提供了有力支持，通过数据驱动决策、优化资源配置等方式推动行业的持续健康发展。

三、旅游服务与体验优化

在深圳海洋运动旅游的快速发展中，提升旅游服务与体验是其核心竞争力之一。优质的旅游服务不仅能够满足游客的多样化需求，还能增强游客的满意度和忠诚度，为旅游业的可持续发展奠定坚实基础。

（一）旅游服务配套设施建设

近年来，深圳市凭借其得天独厚的地理位置和坚实的经济基础，正在积极开拓一条融合体育、旅游和文化的海洋运动发展新路径，目标是构建高标准的海洋运动设施体系，优化服务系统，并在全球范围内提升其国际竞争力。

1. 前瞻性规划，引领高端布局

深圳应以高瞻远瞩的视野，制定全面、系统的海洋运动发展规划。在规划中，要充分考虑海洋资源分布、环境保护要求、城市功能定位和未来发展趋势，科学划分海洋运动区域。例如，在东部大鹏新区建立国际水上运动中心，在西部沿海地区发展帆船、冲浪等项目，形成差异化、特色化的海洋运动空间布局。同时，规划中应融入智慧城市建设理念，运用大数据、云计算等现代技术，实现海洋运动设施与服务的智能化管理。

2. 海洋设施建设，与国际标准接轨

建设符合国际标准的海洋运动设施，是提升深圳海洋运动国际竞争力的关键。深圳应投资建设一系列世界级的海洋运动场馆和训练基地，如高标准的帆船码头、冲浪海滩、潜水基地等，并配备先进的安全救援系统和环保设施。同时，深圳应重视海洋运动装备的研发与制造，鼓励本土企业与国际品牌合作，引进先进技术，提高装备的科技含量和安全性，满足专业运动员和普通爱好者的多样化需求。

3. 服务体系优化，提升参与体验

构建全方位、高品质的服务体系，对于吸引和留住海洋运动爱好者至关重要。这包括提供专业的教练培训、赛事组织、海上救援服务以及完善的配套设施，如更衣室、淋浴间、餐饮服务等。此外，深圳还应建立海洋运动信息服务平台，提供天气预报、海况监测、运动课程预约、赛事报名等一站式服务，增强用户体验感和参与度。对于国际游客，深圳应提供多语言服务和定制化旅行套餐，提升深圳海洋运动的国际吸引力。

（二）旅游安全与环境保护

1. 建立健全旅游安全监管体系

旅游安全是旅游业发展的生命线。深圳海洋运动旅游区域注重建立健全旅游安全监管体系，通过加强安全监管、完善应急预案等方式，确保游客的人身安全和财产安全。

在安全监管方面，深圳海洋运动旅游区域加强了对旅游设施、旅游活动、旅游从业人员的安全检查和监管力度，确保旅游设施的安全可靠、旅游活动的合法合规、旅游从业人员的专业素质。同时，深圳海洋运动旅游区域还建立了旅游安全风险评估和预警机制，对潜在的安全隐患进行及时排查和整改。

在应急预案方面，深圳海洋运动旅游区域制定了详细的应急预案和救援流程，明确了各级政府和旅游企业的职责分工和协作机制。在发生突发事件时，能够迅速启动应急预案、组织救援力量、疏散游客、保障游客的安全和利益。

2. 推广绿色旅游理念与实践

环境保护是旅游业可持续发展的重要保障。深圳海洋运动旅游区域注重推广绿色旅游理念与实践，通过加强环境保护、推广绿色旅游方式等，实现旅游业的绿色发展。

在环境保护方面，深圳海洋运动旅游区域加强了对海洋生态环境的保护力度，通过实施严格的海洋保护政策、加强海洋环境监测和治理、推广生态旅游等方式，维护海洋生态系统的健康和稳定。同时，还注重旅游区域的绿化美化和环境卫生整治工作，提升旅游区域的生态环境质量。

在绿色旅游方式推广方面，深圳海洋运动旅游区域鼓励游客选择低碳、环保的旅游方式，如骑行、徒步、公共交通等。同时，还推广使用环保材料和节能设备的旅游产品和服务，减少旅游活动对环境的负面影响。

3. 游客安全教育与引导

游客安全教育与引导是提升游客安全意识和自我保护能力的重要措施。深圳海洋运动旅游区域注重加强对游客的安全教育与引导工作，通过多种渠道和方式向游客普及旅游安全知识、增强游客的安全防范意识。

在安全教育方面，深圳海洋运动旅游区域在旅游景点、住宿设施等场所设置了安全提示牌和警示标志，提醒游客注意安全和遵守规定。同时，还通过举办安全知识讲座、发放安全手册等方式向游客普及旅游安全知识。

在游客安全引导方面，深圳海洋运动旅游区域加强了对游客的引导和管理工作，通过设立旅游咨询服务台、提供旅游指南等方式为游客提供便捷的旅游信息和服务。同时，加强对游客行为的引导和规范，提醒游客尊重当地风俗习惯，保护旅游资源和环境，共同维护良好的旅游秩序。

（三）旅游体验提升与反馈机制

1. 提供个性化旅游体验服务

在深圳海洋运动旅游中，提供个性化旅游体验服务是提升游客满意度的关键。随着游客需求的日益多样化，传统的标准化旅游产品已难以满足所有游客的需求。因此，深圳海洋运动旅游区域致力于通过数据分析、市场调研等手段，深入了解游客的个性化需求，为他们提供量身定制的旅游体验。这包括根据游客的兴趣爱好、身体状况、预算等因素，推荐适合的旅游线路、活动项目和住宿设施；提供个性化的旅游咨询服务，解答游客在旅游过程中的疑问和困惑；通过技术手段，如VR体验、AR导览等，为游客带来更加沉浸式和互动式的旅游体验。

2.建立游客反馈机制

游客反馈是评估旅游服务质量、优化旅游体验的重要依据。深圳海洋运动旅游区域建立了完善的游客反馈机制，通过多种渠道收集游客的意见和建议，为旅游服务的持续改进提供有力支持。这包括在旅游景点、住宿设施等场所设置游客意见箱和反馈表，鼓励游客主动提出意见和建议；通过官方网站、手机应用程序、社交媒体等渠道，建立在线反馈平台，方便游客随时随地提交反馈；定期举办游客座谈会、问卷调查等活动，深入了解游客的需求和期望。

对于收集到的游客反馈，深圳海洋运动旅游区域会进行认真分析和处理，及时回应游客关切，解决游客投诉，并根据反馈结果对旅游服务进行针对性改进，不断提升游客的满意度和忠诚度。

3.持续改进旅游服务质量

旅游服务质量的持续改进是提升旅游竞争力的关键。深圳海洋运动旅游区域注重建立健全旅游服务质量管理体系，通过标准化、规范化的管理手段，确保旅游服务的品质和水平。这包括制定和完善旅游服务标准和规范，明确旅游服务的质量要求和操作流程；加强对旅游从业人员的培训和管理，增强他们的专业素养和服务意识；建立健全旅游服务质量监督和评估机制，定期对旅游服务进行质量检查和评估，及时发现和纠正问题。

同时，深圳海洋运动旅游区域还注重引入先进的科技手段和管理理念，推动旅游服务的创新和发展。通过运用大数据、云计算、人工智能等先进技术，实现旅游服务的智能化、个性化和便捷化；通过借鉴国际先进的旅游管理经验和模式，推动旅游服务的规范化和国际化发展。

总之，深圳海洋运动旅游区域在旅游服务与体验优化方面做出了积极的探索和努力。通过不断满足游客的多样化需求，提高游客的满意度和忠诚度，为旅游业的可持续发展注入了新的活力和动力。

参 考 文 献

[1] 赵吉峰 . 变迁与现代化：我国海洋体育文化的发展研究 [M]. 青岛：中国海洋大学出版社，2019.

[2] 黄少辉 . 中国海洋旅游产业 [M]. 广州：广东经济出版社，2011.

[3] 蒋逸民，任淑华 . 区域海洋经济发展研究：浙江舟山群岛新区发展问题与对策 [M]. 北京：经济科学出版社，2014.

[4] 张同宽 . 海洋体育实用教程 [M]. 北京：海洋出版社，2017.

[5] 李明 . 海洋体育文化概论 [M]. 成都：四川大学出版社，2017.

[6] 徐朝挺 . 海洋经济与海洋体育 [M]. 北京：海洋出版社，2021.

[7] 孙吉亭，潘树红，刘康，等 . 海洋产业资源与经济研究 [M]. 北京：海洋出版社，2010.

[8] 韩立民 . 海洋产业结构与布局的理论和实证研究 [M]. 青岛：中国海洋大学出版社，2007.

[9] 周达军，崔旺来，李百齐 . 政府海洋产业管理研究 [M]. 北京：中国书籍出版社，2012.

[10] 马仁锋，盛雨婷 . 海洋潜水旅游地研究历程、关键领域与展望 [J]. 中国海洋大学学报（社会科学版），2022（2）：48-62.

[11] 耿亚星，杨硕文，于熙全 . 大连海洋体育产业链及效益贡献度研究 [J]. 文体用品与科技，2023，23（23）：91-93.

[12] 傅纪良，王裕桂，卢海英 . "浪尖上的海洋体育"虚拟教研室的建设实践与探索 [J]. 浙江体育科学，2023，45（1）：70-74.

[13] 王静，李根毛 . 釜山和青岛海洋体育比较研究 [J]. 文体用品与科技，2020（1）：58-59.

[14] 修晶 . 海洋体育分类及开发研究 [J]. 文体用品与科技，2018（23）：72-73.

[15] 张华莹，韩传来 . 我国海洋体育文化现代化发展路径研究 [J]. 当代体育科技，2021，11（19）：164-166.

[16] 许朋展，武琳娜，尚宁宁 . 河北海洋体育与旅游产业融合现状及对策研究 [J]. 内蒙古科技与经济，2021（14）：12-13.

[17] 姚云浩，牟洪礁．辽宁省海洋体育旅游业高质量发展驱动因子及创新路径研究 [J]．辽宁体育科技，2024，46（1）：35–41．

[18] 王吉，冯英超，方实鑫，等．大数据时代我国海洋体育发展研究 [J]．体育科技，2021，42（4）：35–36，38．

[19] 张华莹，韩传来．我国海洋体育文化生态发展困境与破解策略研究 [J]．体育风尚，2021（2）：253–254．

[20] 钟翔．基于低碳经济视角的中国海洋体育旅游公共服务可持续发展研究 [J]．周口师范学院学报，2024，41（2）：67–71．

[21] 李豪．沿海学校海洋体育校本课程的开发 [J]．考试周刊，2018（81）：136．

[22] 苗治文，刘月．新发展阶段我国海洋体育产业发展的区位逻辑及空间布局 [J]．体育学刊，2023，30（6）：66–73．

[23] 刘文烁，金宗强，和立新．价值、优势与路径：海洋体育赛事与体育旅游融合发展研究 [J]．山东体育科技，2023，45（1）：16–21．

[24] 董跃春．海洋体育文化生态发展困境与破解策略研究 [J]．当代体育科技，2020，10（13）：179，181．

[25] 郑峰．青岛市海洋体育文化资源开发研究 [J]．青岛职业技术学院学报，2020，33（5）：75–80．

[26] 史朝兵．沿海地区高职院校海洋体育课程的应对与优化研究 [J]．辽宁体育科技，2020，42（1）：120–123．

[27] 娄媛媛，邢永壮，武琳娜．海南省海洋体育特色文化旅游资源安全体系的建立 [J]．体育风尚，2022（1）：134–136．

[28] 姚兵．海洋体育文化探析 [J]．当代体育科技，2015（17）：174–175．

[29] 柳杰．论海洋体育文化 [J]．文体用品与科技，2015（14）：9–10．

[30] 纪晓曦，黄安民，金艳方，等．我国海洋体育旅游安全管理现状与对策研究 [J]．中国海洋大学学报（社会科学版），2019（4）：89–95．

[31] 张同宽．海洋体育文化生态发展困境与破解策略研究 [J]．浙江海洋大学学报（人文科学版），2019，36（4）：68–72．

[32] 曹小芬．体验经济中海洋体育旅游项目建设研究 [J]．济南职业学院学报，2019（4）：82–84．

[33] 张华莹，韩传来．体验经济时代背景下海洋体育旅游项目建设策略研究 [J]．文体用品与科技，2021，19（19）：65–66．

[34] 邝国富，王爱萍．海南省海洋体育特色文化旅游资源区域分布及特征 [J]．体育风尚，2021（6）：150–151，154．

[35] 许朋展，武琳娜，尚宁宁，等 . 全域旅游视角下河北海洋体育与旅游产业融合研究 [J]. 科技资讯，2021，19（3）：96–98，105.

[36] 单福彬，程金阳 . 海洋运动休闲产业高质量发展的关键问题与路径探索：对大连海洋运动休闲产业的调查与分析 [J]. 河池学院学报，2023，43（4）：76–83.